JN194643

ひとりでできる、職場でできる、自治体の業務改善

時間の創出と有効活用

矢代　隆嗣

公人の友社

ひとりでできる、職場でできる、
自治体の業務改善
時間の創出と有効活用

目　次

はじめに

問題認識

　本書は、これからの自治体における業務改善の考え方、進め方を提案しています。その基本的なねらいは「業務時間の創出と有効活用」です。

　今後、それぞれの地域は主体的・自立的に独自のまちづくりを展開し、住民福利の向上を進めることが求められています。ただし、公的組織である自治体の経営資源には制限がある中で、自治体では地域特性、住民ニーズに応じる独自の政策形成や政策形成プロセスを多彩な主体との協働で行うための舵取り役など、新たな取り組みに対応するための時間が必要です。また、ワーク・ライフ・バランス型職場づくりが展開されているように、職員が意欲を持ち、能力を発揮できる職場環境づくりにも一定の時間が必要です。こうして地域経営における経営資源としての業務時間の創出と有効活用は、自治体にとって極めて重要な経営課題です。

　一方で、自治体が業務上のミスにより住民に迷惑・損失を与えたことについての新聞などの報道、ミス再発防止に向けて個別自治体が作成している報告書[1]、また不祥事や事故も含めて対住民へのサービス品質維持の必要性をまとめた報告書などからも問題の深刻性が読み取れます。さらに止めてもさしたる影響の出ない業務や、回数・頻度・項目など減らしても支障がないと考えられる業務が、従来からの慣習として継続されているとの指摘もあります。こうした時間の有効利用の機会損失を回避し、時間を有効に活用するための業務改善が求められています。業務改善を通じて業務品質を高めることは、住民満足を向上させ、業務時間の創出につながることになります。

---

[1]　○○町業務改善報告書、□□市事務処理ミス防止計画など

　自治体において業務改善の必要性は共有されても、その実践を通じて成果を享受している自治体の報告は多いとは言えません。本書は自治体において、現状、業務改善に取り組む上で成果実現の壁となっている課題を整理し、その克服に向けた業務改善アプローチを提案しています。

想定している読者

　本書が対象としているのは " 業務改善に意欲はあるが、慣れていない職員 " です。業務改善への意欲を前提としながら、業務改善をどこから、どのように取り組めば良いのかわからない職員や、業務改善に取り組んだけれど期待した成果を実現できなかったため、再チャレンジしたい職員の方々を想定しています。このような職員の皆さんが「どこから（対象）」、「どのように進める（方法）」のが良いのかを理解し、行動に移すための内容としています。

　業務改善に慣れていない職員の皆さんに担当業務での " 業務改善とは何か "、" 成果を出すためのポイントは何か " を理解していただくため、教科書的な説明ではなく、" 職員による意見交換 " を組み込んでいます。その内容は、①時間創出の余地について、②時間創出の余地に対する " 改善アイデア "、③多種多様な業務がある自治体職場における代表的な業務タイプに対しての時間創出の余地と対策アイデアに関する職員間の意見交換、そして、④業務改善活動の体験から得た " 実践からの学びと気づき " について「事例編」に組み込まれています。そこで語られる業務改善に関する考え方や改善視点、改善アイデア、そして、業務改善に慣れない職員が実践を通じて気づいたことなどは、担当業務での業務改善について理解を促し、業務改善への一歩を踏み出すための手引きになると思います。" 業務を改善するとは何か、どうすればいいのか " を知りたい方は、まずは「事例編」の職員同士の意見交換の部分を読んでいただきたいと思います。

　業務改善への意欲はあっても業務改善に慣れていない職員の方々と話し合いをすると、自分には「業務改善はできない」と考えている（悩んでいる）職員は少なくありません。「業務改善はできない」と考えている内容には、（ア）「改善余地はない」ということ、（イ）「やっても成果が出るかわからない」という

こと、そして（ウ）「多忙な職場で業務改善のための時間がない」という不安を持っていることが伝わってきます。

　本書では業務改善に意欲がある職員であっても抱いている業務改善に対する悩みや不安を払拭するために、「改善余地があること」と「多忙の中で成果を出すための進め方」に"気づいてもらう"ことを重視し、その気づきを促すために「職員が語り、意見交換する部分」を組み込みました。これらの内容は、実際の自治体職員の方々の声を成果実現につなげるための視点で整理したものです。これらを読むことで、（ア）から（ウ）についての悩みや不安の背景にある思い込みを払拭することにつながると考えています。

本書が提案する業務改善

　本書の提案する業務改善アプローチの基本的なねらいは、業務改善を通じて、①業務ミスを無くし、無駄な時間発生を回避するとともに、業務ミスが再発しない職場環境を整備することだけをねらうのではなく、②業務改善を通じて創出した時間を（ア）既存業務の質的強化、本来やるべき業務に充てること。（イ）地域が主体となって進めるまちづくりに関する新たな行政課題に関連する業務に充てること。そして、（ウ）職場環境整備（ワーク・ライフ・バランス型職場の実現）や（エ）職員能力向上に充てることです。そして、こうした業務改善活動を通じて、③地域の問題解決に貢献できる問題解決型人材が育成されることをねらいとする取り組みです。こうした取り組みにより開発・強化される業務を目的的に診ながら、業務を改善する能力は、自治体で導入されている事務事業評価、目標管理などの制度の効果的な運用に加え、今後予定されている内部統制制度の導入・運用環境の整備にもつながるものです。

　なお、提案する業務改善アプローチは時間をやみくもに短くするための活動ではありません。既存業務の否定や職員にムリな目標を押し付け、単に時間を短くするような生産性向上をねらいとした取り組みを志向しているのではありません。

　このように本書の提案する職場主体の業務改善は、今後の地域主体のまちづ

くりにおいて期待される自治体の役割を果たすために効果的な取り組みでもあります。地域主体のまちづくりの核メンバーである職員は、従来のような既存業務（手段）を継続することや、手続きや法規を重視するのではなく、地域の問題を解決することが求められます。担当業務の見直しを通じて成果を生み出す業務改善の成功体験は、実践的な問題解決能力を強化する機会となります。

実践による成功体験を重視した"シンプルな業務改善"

本書は業務改善に慣れていない職員が、担当する業務の改善に一歩踏み出し、実践を通じて成果を生み出すという成功体験をすることを重視しています。成功体験することを重視しているのは、その成功体験により業務改善への自信がつき、結果的に自主自律的な継続的業務改善につながることが期待できるからです。

実践による成功体験を重視する本書は、業務改善に慣れていない職員が、担当業務の改善を通じて着実に成果を出していくために業務改善に一歩踏み出し、実践するための"シンプルな業務改善"の考え方、進め方、手法を提案しています。なぜなら、これまで組織内で推進されてきた業務改善運動や研修、また、業務改善に関する書籍の多くに見受けられる複雑な手順や分析を組み込んだり、細かく、複雑なシートを活用したりする進め方では、業務改善に慣れない職員が成功を体験するには限界があるとの問題認識からです。

本書の構成

本書は「事例編」と「実践編」の2編で構成されています。「事例編」では、自治体の業務改善の事例を職員同士が意見交換する形式でかかれており、業務改善に慣れていない職員の皆さんに職場での"業務改善とは何か"、"成果を出すためのポイントは何か"を理解していただく内容です。そこでは、「Ⅰ 既存業務からの時間創出の余地」があることを確認した上で、それらの余地を実際に生み出すための「Ⅱ 時間創出のアイデア」についての意見交換内容です。なお、自治体には多種多彩の業務タイプがあるとともに、それらは多数の部門

で見受けられることから、「Ⅲ　主な業務タイプ別の時間創出余地と創出アイデア」についての整理を加えています。そして、事例の最後は、実際に行った業務改善活動後を振り返り、次に活かす内容として、「Ⅳ　業務改善実践から学んだこと、次に活かすべきこと」についての意見交換です。業務改善の PDC プロセスの点からは、ⅠからⅢは P（企画）段階、Ⅳは C（評価）段階での意見交換の内容となっています。業務改善に慣れていない職員の方が業務改善を実施しようとする場合、ⅠからⅢは業務改善の企画を立てる段階に、また、Ⅳは企画案を実践する前に成果を出す業務改善にするために参考にして欲しい内容となっています。

　「実践編」では、自治体職場での業務改善の考え方・進め方・手法を提案しています。「Ⅴ　自治体では業務改善が求められている」は、求められている自治体の業務改善とその理由を確認した上で、現状の取り組みに対する課題を踏まえて、今後の自治体における業務改善の方向性をまとめています。「Ⅵ　職場主体の業務改善活動の考え方・進め方」は、Ⅴで確認した内容を受けて、自治体において、求められる業務改善の考え方、進め方の方向性を提案しています。そして、その具体的なアプローチについて「Ⅶ　業務棚卸アプローチ」、「Ⅷ　問題解決プロセスアプローチ」で説明しています。

　本書の内容については、筆者が自治体職員の方々といっしょに取り組んだ各種プロジェクト、講師を担当した職員研修、また、地域協働活動への支援などを通じた問題認識をベースに、改めて複数の自治体の関連部門の方々との意見交換をまとめたものです。意見交換をした職員の方は業務改善に意欲と能力を持ち、成果を出している職員・管理監督者の方もいますし、業務改善に慣れていない職員の方々もいます。なお、事例については意見交換に加え、問題解決型研修（業務改善、政策形成、プロジェクトマネジメントなど）に参加した受講生の事前課題、研修内での成果物、研修後のアンケート、さらに業務改善の実践後の評価研修での意見交換、評価研修後のアンケート結果など実践を通じた情報をベースにしています。

全体の構造

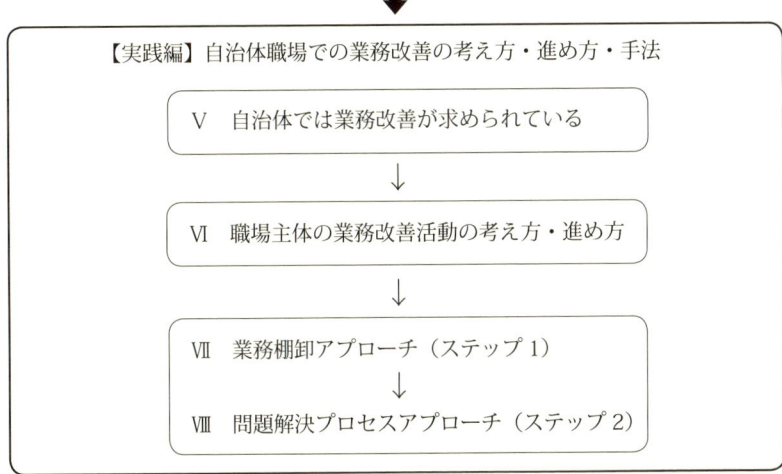

【事例編】事例：自治体の業務改善：「職員が語り合う」成果を生み出す業務改善

  Ⅰ 既存業務からの時間創出の余地

  Ⅱ 時間創出のアイデア

  Ⅲ 主な業務タイプ別の時間創出余地と創出アイデア

  Ⅵ 業務改善実践から学んだこと、次に活かすべきこと

【実践編】自治体職場での業務改善の考え方・進め方・手法

  Ⅴ 自治体では業務改善が求められている

  ↓

  Ⅵ 職場主体の業務改善活動の考え方・進め方

  ↓

  Ⅶ 業務棚卸アプローチ（ステップ1）

  ↓

  Ⅷ 問題解決プロセスアプローチ（ステップ2）

　また、現状の取り組み上の課題については、全庁的業務改善運動を推進している企画部門や行政管理部門、業務改善研修を運営している人材開発部門の職員の方々と共有し、また、業務改善余地については、担当業務についての改善意欲と改善能力を持つ複数の自治体の管理監督者級の職員の方々とのディスカッションを重ねた内容です。よって、本書で掲げた課題は自治体にとって重大（深刻）であり、そして、提案アプローチの効果性、実現可能性は高いと考えています。本書で提案するアプローチを参考に、実効性のある業務改善活動が展開されることを期待しています。

【事例編】

自治体の業務改善

職員が語り、
意見交換する
業務改善の成果要因

I　既存業務からの時間創出の余地

1　職員間の意見交換の背景

　S市では全庁的な業務改善に取り組んできました。行政サービスに対する住民満足度向上に向けた全庁的業務改善運動は多くの個人・職場横断のチームなどの参加でスタートしましたが、最近は提案件数自体が減少傾向になってきています。

　業務改善推進事務局としては、近年、業務効率化も経営課題となっているとして、行政サービスに対する満足度向上に加え、業務時間やコスト削減も含めて運動を充実させたいと考えています。そのような中、人材開発係長のP氏は全庁展開している業務改善運動の見直しメンバーとして新たに任命されました。P氏は従来の業務改善運動は職員提案制度として展開しているが、改善効果が出ているとは言えないと考えていました。報告会は開催していますが、成果の評価はしていないなど形式的な運動であることが影響して提案件数自体が減少しているとP氏は見ています。

　P氏は今後の業務改善活動について、ワーク・ライフ・バランス推進や長時間労働などの課題とともに、地域主体のまちづくりに向けた新たな行政課題を展開するためにも、現状の職場で重視すべきことは、まず、「時間創出」が重要であると考えています。そこで業務改善の意欲・能力があると評価されている3名の係長を集めて、そもそも時間創出の余地が有るのかについて意見交換を行いました。

2　時間創出の余地に関する意見交換

人材開発係長：皆さん、ご多忙の中お集りいただき、ありがとうございます。
今回の意見交換の目的は、業務改善を通じて時間創出は可能かを皆さんの考
えを伺うことです。その理由は、このたび私は業務改善運動見直しのメンバー
として選ばれました。それを進めるにあたり、今後の業務改善活動は、新た
な行政課題への取り組みに向けた業務やワーク・ライフ・バランス型職場の
実現に向けた時間創出を重視すべきと考えています。ただし、現在の職場で
本当に時間創出が可能かを確認したく、職場業務の監督者である係長さんか
ら生の声を聴きたいと思い、集まっていただきました。今日、お集りの係長（Ⅹ
氏：高齢者支援係、Ｙ氏：住民係、Ｚ氏：建築係）の３名は改善意欲と実績
のある係長さんと評価を受けているとともに、新年度から新たな職場の係長
として３か月たった方々です。そこで今までの経験とともに、新たな職場で
の気づきも含めて率直な意見交換ができることを期待しています。

Ⅹ：Ｐさんに評価いただき光栄です。新たな職場の様子を見て気になる点もあり、
これからどう着手しようかと考えていた矢先です。今回の意見交換で自分の
頭の整理だけでなく、皆さんとの意見交換から自分が気づいていない点の発
見につながることを期待しています。

Ｙ：私なんかが呼ばれて驚いていますが、皆さんとの意見交換の結果を職場に
持ち帰りたいと思います。

Ｚ：いくつかの職場の経験から上司、同僚の係長を見て、業務改善そのものに
意識がない人もいますが、改善したくとも何をどう進めていいかわからない
人もいます。その人たちに改善ヒントなどを提供できれば実践してもらえる
かもしれないので、良い意見は業務改善運動の中で伝えて欲しいと思います。

人材開発係長：まず、時間創出の機会と考えられるのがミスなどに対応する時

間です。今年実施した業務改善研修の結果から、ミスに関連する時間からの創出機会が大きいことがわかりました。これは驚きでもありました。業務改善に慣れていない職員に対しての業務改善研修であることから、小さくても良いので具体的な不具合について洗い出してもらったのですが、時間創出の点で診ると、ほとんどの部署でミスが発生し、その修正やクレームに時間をかけているのです。他には書類の探索に費やす時間や紛失による対応策に時間をかけている部門も少なくありません。また、せっかくデータの電子化をしても、そのデータを探すのに時間を要しています。さらに、前工程の業務不良（書類不備や納期遅延など）影響を受けて時間を費やしている点も多くの業務で見受けられました。これらが放置され、繰り返されていることや他の業務にも同じようなことが言えることを考えると、かなり時間創出が可能ということが今回、わかりました。

　さて、他の時間創出の機会も含めて、ご意見をいただきたいと思います。意見をいただく切り口には、一般的に業務時間に影響を与えている要因として、業務改善の教科書などに記載されている①業務目的（実現したいこと）、②業務内容（業務のやり方など）、③業務担当者（意識・能力）、④業務環境（場所など）の4視点を使いたいと思います。ちなみに業務目的は、文字通り何のために業務を行っているかの点です。目的に照らした業務になっていなければ、そこに無駄が生じている可能性があります。では、目的面から入りたいと思いますが、Xさん、ご意見を伺えますでしょうか？

図表 I-1-1　業務時間に影響を与えている要因

① 業務目的（実現したいこと）

② 業務内容（業務のやり方など）

③ 業務担当者（意識・能力）

④ 業務環境（場所など）

「業務目的」

・業務目的の自覚

X：私は新たな職場に行くと実際に行われている業務やその分担を理解するのに事務分掌では限界があるので、職場全体の業務体系表[2]を作成します。それは個々人の具体的な業務を可視化したものを作成してもらい、それを係全体としてまとめたもので、現状行われている業務全体を可視化したものです。その業務体系表を使いながら個人別面談において業務分担、業務内容、困っている点など意見交換を行います。その際、いつも気になるのが、目的が曖昧のまま業務を行っている職員がいることです。「何でやっているの？」という質問には、「引き継いだから」とか、「この業務は前からやることになっている」という返答がほとんどです。担当者が目的を語れないから業務は不要という訳ではないのですが、止めても支障がないにも関わらず継続されている業務があると思います。

人材開発係長：それは私も直面しています。目的的に診て、不要な業務を止めれば、それにかけている時間は創出できると思います。ただ、私が問題視しているのは、目的が曖昧なまま行い、受け身的な作業となっている業務への姿勢です。つまり、目的や効果も考えずに言われたことを言われた通りにやっている取り組み姿勢です。この姿勢からは住民のためにという発想は生まれません。

Y：目的的に業務を診るということは、例えば補助金などについて目的的に診ることも含まれますね。補助金を無くせば、必然的に関連業務が無くなります。

Z：他には過剰サービスもありませんか。そこまでしなくても良いのにしている、してあげている業務などは一定レベルまでとすれば時間が少なくて済む業務です。これなどは人によって業務時間が異なる要因になっていますし、住民が担当者によってサービスレベルが異なるというクレームの背景になってい

2　参照：参考資料-①

ると思います。

・効果が低い業務

X：目的的な機能を果たしていない業務もあると思います。管理のためということで資料作成しても、使わない資料や資料の中の一部項目は使われないものもあります。

Z：私は実際、念のための資料作成を継続している部門に所属していました。その資料は会議では誰も使わないのにいつも配布されていました。

Y：私の経験では報告書の項目が緻密すぎたり、申請書で不要な項目も作成したり、会議で配布されている資料でも使われないものもありましたね。

X：お二人のお話を聞いて思いついたのですが、会議に参加したら仕事しているとか、書類を作成したら仕事をしていると思っている人かもしれませんね。

人材開発係長：その会議で何を決めるのか、この書類で何を伝えたいのかが固まらないまま取り組んでいるのでしょう。目的意識がないと時間がかかる、またはかけても意味のない業務になってしまっているのではないでしょうか。

Z：業務の目的や効果の話をしていて思ったのですが、今やっている業務の中には、過去には目的があったけれども今でもその目的はあるかというと、そうでない業務もあるのではないのでしょうか。

人材開発係長：Zさんの言われる点は重要なことで、業務改善は今やっていることを否定するのではありません。会議にしても、そこに誰に参加してもらうかにしても、かつては意味があったと思います。例えば、限られたメンバーだけで決めた内容を、紙の配布での指示ではなく、関係者が直接会って多角的な議論からの意思決定が必要ということで会議がスタートしたのかもしれません。また、我々が見ると過剰と思われるチェック項目も発生したミスを防止するためのチェック項目が積み重なって、今の膨大なチェックシートになったのかもしれません。

Z：皆さんも気づいているように、今はその目的が忘れられ、"定期化、メンバー化され、集まることになっている"会議があるかもしれません。また、自動化

やチェック体制が改善されたことにより、もはや起こりえないミスについても、まだチェック項目になっているものがあるかもしれないのです。

X：そうした点が気になるのであれば、業務全体を一度、目的的に棚卸して必要性、有効性を確認することが必要だと思います。

Y：実はしっかりとした目的があるはずなのに、それを知らない人、勘違いしている人がいるかもしれないことも洗い出し、共有することも重要ですね。

人材開発係長：その点については、管理監督者も部下個々人の業務について意識して欲しいです。

Z：本来の目的が曖昧なまま " 作業 " となっていれば、業務の質やコストに影響します。

Y：少なくとも目的を自覚して業務にあたるような指導が必要ですね。

人材開発係長：管理監督者は忙しいと思いますが、たまに部下の業務のやり方を見て、ミスを起こしそうなリスクについてアドバイスしたり、目的について語り合ったりするだけでも人材の活性化につながると思います。

X：問題を自覚するのに業務にかかるコストを算出するのもいいかもしれません。

Y：時間ではなく、費用ですね。時間よりもインパクトがありますね。

Z：職場にコスト意識を持たせることにつながり、業務に取り組む職場風土が変わるきっかけになるかもしれません。

・成果物（目標）の共有

人材開発係長：部下に依頼した業務において、その出来栄え（成果物）が上司の期待と異なり、手直し作業が発生することはありませんか。

Y：それはあります。期待していたレベルに対して、水準が低かったり、または過剰だったりします。

Z：それは成果物（目標）のすり合わせができないまま、業務を始めてしまうからでしょうね。

X：成果物（目標）が曖昧なので、余分なこともやってしまい、時間がかかっ

てしまうこともあります。

人材開発係長：今までのお話から目的面では、そもそも不要な業務と効果が薄い業務があること。そして、目的をより具体的な形とした目標の設定と共有の有無が、時間創出に影響することが出てきました。では、次は業務内容面ではどうですか。

「業務内容」

・業務方法

Y：同じ業務でも人によって、そのやり方（方法）が違っていて業務時間に差が出ています。また、やり方が違うことからミスにつながってしまうこともあります。ミスをするとその修正だけでなく、場合によってはミスがクレームにつながり、クレーム対応の時間がかかります。

X：今まで所属した組織では組織としてのルールがなく、個人が誤った判断をしている場面がありました。知識不足や経験にもとづいて判断してしまった例です。

Z：業務のやり方の中で時間がかかる要因として、手続きが異なること以外に、判断基準が挙げられます。まず、判断できないために時間がかかっています。また、自分流で判断してミスやクレームを起こしてしまうことや、判断基準が人によって異なることでクレームにつながることもよくあります。

人材開発係長：説明によるクレームはコミュニケーション力の差もありますけれど、基準に基づいて説明することは重要です。

X：そして、組織として統一された基準を持つことが必要ですね。

・業務の属人化

Z：業務内容面で気になるのは、"業務の属人化"ですね。

人材開発係長：人によって業務のやり方が異なるのですね。やり方が違うことで業務にかかる時間や業務品質に影響する（ミスが出やすいやり方）こともありますね。方法を組織として統一するだけでも時間創出ができそうですね。

Y：そもそも組織としての業務のやり方は決まっているのですが、その通りやらない人がいます。結果的に同じ業務でも人によってやり方が異なってきます。

Z：業務に慣れてくるとそうなる傾向が多いのです。ただし、そういう人ほどミスをしやすいことも実際にはあります。

人材開発係長：そのような職場は一度、業務の統一をしたほうが良いですね。

Y：それに関連してですが、特定業務を担当する職員が異動する可能性があるにもかかわらず、何も手を打っていない職場が多いのではないでしょうか。今年、うちの係に異動してきた職員は異動先まで電話で追い回されていますし、その対応時間も馬鹿になりません。

・不具合の深さ

X：ミスの時間については、皆、ミスの修正などの時間を思い浮かべているのかもしれませんが、他にも多くの時間がかかっている場合があることを認識すべきです。例えば、修正の時間やクレーム対応時間は行った担当者はわかっていると思いますが、他に対応策の会議（参加者全員）、さらにミスによってはマスコミに取り上げられることによるマスコミ対応や議会対応の時間なども発生しているのですから。

人材開発係長：そうした時間負荷の大きさに気づけば、ミスの再発防止の重要性の自覚や共有につながると思います。

X：私は管理監督者がミスによる時間・コスト負荷の大きさを自覚することが重要と思います。そうすれば業務改善に力を入れることにもなると思います。

Z：係長が職場全体の改善ができないのは、プレイングマネージャーである係長でも現状はプレイングが中心となっていることもあるのではないでしょうか。

人材開発係長：それが現状です。しかし、組織としては係全体の業務効率化へのマネジメントも期待していますから、そのためにも業務改善を係内で推進して欲しいです。

・前工程の業務品質

Z：業務時間に影響を与えるミスには担当者だけでなく、前工程の業務不良に
よるものも馬鹿にできません。申請書の内容や添付書類の不備などによる再
作業などです。前工程が適切な処理を行っていれば業務時間は短くなるはず
ですからね。

Y：不備だけでなく、締め切り遅延もあって、それをカバーするために時間が
かかっています。

人材開発係長：Ｚさんの意見は組織を横断する業務において共通する問題です
ね。それは職員間でも同じようなことが起きています。隣の給与係がそれに
当てはまります。例えば年末調整業務において、各部署から提出される帳票
に記入漏れがあったり、必要添付書類漏れに加え、締め切り日に未提出の部
門がかなりあり、その督促の時間もかなりかかっています。これが毎年のこ
となんです。

X：この類の問題は前工程の担当者が提出先（後工程）の担当者が何とかして
くれると安易に思っていることもありませんか。締め切りに間に合わなくて
も、今まで自分に影響はなかったから今後も多少遅れても構わないと思って
いるのではないですか。

Y：実際、遅れても対応していますからね。皆、'善い人'なのです。

X：しかし、遅れを取り戻すために大きな負荷を負っているのも事実です。

人材開発係長：見ていて不思議に思っているのですが、不備を修正したり、提
出の遅れをフォローしたりするのが自分の仕事と思い込んでしまっているの
ではないかということです。そうではなく、前工程の人がいかに正しく、期
日までに提出できるようにするかを考え、行動して欲しいのです。私はこち
らのほうが組織として深刻な問題と思っています。

X：この話は目的視点のところで出ました前工程の担当者への過剰サービス面
もあれば、業務分担の側面からも検討できますね。例えば、地域の○○会や
□□クラブの会計処理などを関連部門の職員がやっている自治体があること

を聞きます。慣習になっているのかもしれませんが、この業務は本来、行政がやるべきではないことを共有する必要があります。

Y：どちらも今までのこともあり、すぐに過剰サービス分を無くすことはできませんが、本来の姿に向けての取り組みが必要ですね。

人材開発係長：そうです。本来の仕事は前工程の修正や○○会や□□クラブの業務を肩代わりするのではなく、相手先が主体的に実施できる仕組みや方法を作り、定着への指導などが求められるはずです。

・ミス、クレーム対応

X：冒頭に人材開発係長が指摘したミス・クレームへの対応時間も大きな改善余地、特にその対応時間が時間創出の機会になると思います。その例として、新たな取り組みを行っても、そのための方法やツールを現場で使いこなすスキルが不十分なまま実施するので、クレームにつながっている場合があります。

Z：予防のための検査業務を重視して実施し始めている部署の話です。せっかく取り組み始めた業務なのですが、現場では検査漏れやミスが起きたり、指導の仕方や態度が悪いとクレームになっているそうです。予防してもらいたい相手との信頼関係も崩れてしまうとともに、ミスの修正やクレーム対応時間も相当なもので監督者自身がその対応をせざるを得ないので困っていました。

Y：業務によって異なると思いますが、ミス・クレーム防止によってかなりの時間が創出できる例ですね。

人材開発係長：研修では事務ミスが多かったのですが、多様な業務でミスが出ていることや、サービス提供相手との信頼関係が悪化するクレームも多種多様に発生している状況が理解できました。それを放置するのではなく、その原因を整理し、まさに予防策を実施することで改善余地、結果的に時間が創出できると思いました。

X：しかし、現状はその検討が先延ばしされ、同じミスが繰り返し発生し、対

応策としても、もぐらたたき的な対処療法を行うのが精いっぱいという職場が見受けられます。

・リスクの洗い出し

Y：ミスやクレームの中には回避できるものがあります。

X：例えば、ミスやクレームが出る可能性を想定して、それに対応することができれば発生が未然に防げるミスやクレームがあるということですね。

人材開発係長：確かに研修で出たテーマの中には業務上のリスクを洗い出し、それぞれのリスクに対処することができれば特定のミスやクレームは未然に防げたと思います。

Z：未然に対応、つまり予防することに加え、発生した時の対応も検討しておくことで、例え、ミスやクレームが起きてもその対応時間が軽くなるものもありますね。

Y：現状は本来、想定できたはずのリスクを洗い出せていないことが大きな問題です。

Z：つまり、対処以前の問題ということですね。

X：そうなっているのは、やはり手段ありき、言われた通りに手続きをする業務姿勢が関係していると思います。

・外部組織のフォロー、連携業務

Y：ミスや問題などに対応する時間は委託先や指定管理者が起こした場合もありました。

Z：今後は外部に委託する業務も増えてくると思われますが、任せた先が起こした問題への対応も考えておく必要がありますね。

X：例えば、住民と地域包括センターとのやり取りなどでもセンターが答えられない質問や住民とセンター間で生じた問題への対応時間が発生しています。

人材開発係長：今後、増えるであろう委託など直営でやるよりもマネジメントが困難ですが、事前予防やモニタリングなどによる早期発見、対応が必要に

なりますね。

X：今まで直営で行っていたことからも、外部組織が行う業務のマネジメントは多くの職員・職場では慣れていませんから、どのように対応していくかが課題です。

・手作業

Y：業務方法では、やはり人が行っている作業の自動化ができれば時間短縮になると思います。

Z：例えば、残業の際に提出する届出はその都度、手書きで作成していますし、月次の集計は手計算でやっています。ただし、残業がなければ発生しない業務ですけれどね。

X：自動化も適切なシステムを作ることが前提ですね。今、統計資料作成は情報システムからの情報を使うのですが、こちらが求められている情報そのものでないので、出力した情報を手計算で集計して提出書類を作成しています。

Y：それは本当ですか？　システム化の意味がないではないですか。

人材開発係長：今の話に関連して、例えば、制度変更などで新たな情報システムを導入する際、情報システムの方は新たな制度に対応する標準的なシステムになっているのですが、現場担当者が従来のやり方で業務をしてしまうため、結果的に情報システムに対応していない業務に時間をかけてしまっているという話も聞きます。このような場合、情報システムに合わせた業務に見直すことで業務効率化につながるはずです。

Z：情報を集めて編集して冊子にする業務などは、関連部門別に情報をまとめる様式が異なっていたり、使っているソフトが違ったりするので、編集に時間がかかっています。これも統一できればいいと常々思っています。

Y：係内で表計算やデータベースソフトでシステムを作るのですが、作った人が異動すると使い方が分からず、異動先まで追っかけて聞くのでお互い時間をとってしまったことがありました。同じようなケースですが別の係では作った担当者がいなくなってしまい、結局、既存のシステムが使えないので新たにシステムを作っていました。

・業務の質と量

Z：業務の回数、頻度などから見ると、会議などの回数を減らすとか、参加者を絞り込むとかすれば、時間が捻出できると思います。従来からの慣習で行っているものもありますから。

X：先日の打ち合わせで気づいたのですけれど、業務中には複数の部門で同じ業務が行われています。

Z：うちの組織は典型的な縦割り組織ですから、多分、重複業務は他にもあるのではないですか？

Y：Xさんの話は業務分担の曖昧さから生じているようですね。

・業務発生の時期

Y：業務内容では、いつ業務をするかも重要ではないですか。業務が集中してしまうことが残業の原因になっていますが、これは業務発生時期を工夫することで、ある程度分散できるのではないかと思います。

人材開発係長：年末調整や確定申告など制度上、特定時期に行わなければならない業務もあります。研修なども新任管理職研修は年初に行いますし、その他の研修は議会のない時期に行うなど特定時期にまとまる傾向はあります。このように集中している場合は、Yさんのおっしゃる通り時期を分散する方法もあると思います。

Z：業務の集中といえば合併でできた支所では業務の繁閑が顕著と聞きます。業務が集中することで住民を待たせてしまっていることや職員の業務負荷も極端に高まるそうですが、何の手も打てていないそうです。

Y：一方で、時期が近いのになかなか着手せずに、まとめてやろうとする職員もいます。そういう場合は想定外や突発的な業務が発生して残業が増えたことが実際にありました。その時は急遽、私も含めて、他の職員とともに手伝って期日に間に合ったが大変でした。あの時、事前にひと声かけておけばよかったと後悔しました。

Z：毎年のことだから準備の計画やノウハウも蓄積されているように思うのですが、毎年バタバタしている部門もあります。私はイベント当日のみ手伝ったのですが、担当の係ではイベント前 3 日間は徹夜になり、イベント当日メンバーはかなり疲れていました。

人材開発係長：Y さん、Z さんの事例はやはり、計画的な準備ができていないことが大きな要因でしょうね。たぶん、大丈夫だろうと準備の先送りをしてしまうのでしょうか。では 3 つ目の業務担当者面に移りたいと思います。

「業務担当者」

・能力

Y：業務上時間がかかっている理由の 1 つがミスの発生であれば、そのミスの背景には担当者に業務ルールや判断基準などの業務を行うための知識がないことがありますね。これは結構多いのではないでしょうか。

人材開発係長：今までは人がいたので、経験を通じて業務知識を向上させることができましたが、これからは適切なサービス提供に向けた能力向上の工夫が必要ですね。

X：このテーマにはマニュアルづくりの話がよく出ますが、まだ業務に慣れていない職員とわかっているにもかかわらず、任せてしまっている監督者にも問題があるのではないですかね。

・うっかり

人材開発係長：組織としての業務遂行においてミスが起きる原因は、業務ルール（手順、基準）を守らないということが考えられるのですが、時に不注意もあります。

Z：これには慣れによる‘うっかり’だけでなく、間違った思い込み、注意散漫からのミスも見受けられます。

Y：ミスは慣れてきた職員もすることがあります。慣れや気の緩みからの必要な確認漏れなどが原因ですね。

Z：ヒヤリハットなども慣れによる'うっかり'からの発生もあるようです。

人材開発係長：ヒヤリハットは、人的サービス提供職場である病院、高齢者施設、保育所などもそうですが、安全が重要な職場である消防署や土木・建設現場でも重要なテーマです。ヒヤリハットの段階で大きな事故の芽を摘むことが重要です。

・時間意識の有無

Y：人材と業務時間においては、能力の他にも意欲も影響すると思います。例えば、目標時間を持つか持たないかです。持たないと自分のペースで進めたり、自分でなくてもできる業務や優先順位の低い業務を行ったりしてしまいます。目標時間を持ち、それをめざすことで時間は短縮可能ではないでしょうか。

X：例えば、Aさんは担当する地域包括支援センターやそこの担当者と個別相談に出向く際には、その内容ごとに目標時間を決めて、午前中2件訪問予定を立てますが、Bさんは午前中1件というスケジュールになっています。また、Aさんは急がない案件は近くの地域包括支援センターをまとめて回る計画を立てますが、Bさんはその都度、訪問しています。訪問・巡回業務は移動時間も考慮に入れる必要があります。私から見て、Bさんの業務への取り組みには時間創出余地があります。

人材開発係長：Aさんのような人は時間意識が高いのだと思います。目標時間を意識するか、しないかは時間を有効に使うのに大きく影響すると思います。

Z：時間意識の有無は他の人の時間をムダにすることもあります。例えば、会議に遅れてくる人がいることで皆が待っている時間がもったいないです。

Y：急にスケジュールを変えてしまう人がいて、それによって影響を受ける人がいます。こういう人は大抵、場当たり的な仕事の進め方をしています。

X：そうした時間意識を持たない人が同僚の仕事を中断させてしまうこともあります。

人材開発係長：そのお話から皆が時間意識を持つことは、皆が今、何を優先して業務を行っているかを知っておくことも必要ですね。

・業務の優先順位

Z：関連しますが業務の優先順位を決められない職員がいます。先日も期日に間に合わなかった職員の話を聞いてみると、優先度の低い業務から始め、その完了に手間取った結果が判明しました。話をすると本人も理解したのですが、その場ではできなかったようです。

Y：あれもこれもと複数の業務を同時に行ってしまう職員もいます。結果、どれも完了しないことが起こっています。

Z：そうした職員は業務に振り回されているようなものですね。

人材開発係長：重要な業務よりもやりやすい業務を優先する傾向がある職員もいます。他に、企画的な業務より作業的な業務をしてしまうことや、新しい業務より慣れた業務を選択してしまうなどです。

・業務スケジュールの質

Z：自分のペースでやるだけでなく、場当たり的、つまり計画を立てずに行うことで手戻りが起きていることも担当者に起因すると思います。これは以前に経験したことなので、多分今回もできるだろうという過信もあるのではないでしょうか。

Y：業務計画について、職員の中には業務スケジュールを作成せずに頭の中で業務の順番を組み立てるだけの人がいます。一方できちんと手帳にきめ細かくスケジュールを書いて管理している人もいます。

X：業務スケジュールを作成していても、場当たり的な職員が作成するスケジュール表の活動項目は大きいし、計画している業務の期間は非常に長いという傾向があります。例えば、それなりの規模のイベントなのにスケジュール上の活動項目は5つほどで、それぞれの期間が1か月程度になっていて驚きます。

Z：業務スケジュールの立て方がうまくできない職員は多いです。計画化スキルが弱いのだと思います。

Y：計画がうまく立てられない職員は具体的な業務・活動が洗い出せないことと、それぞれの業務・活動にどれくらい時間がかかるかの見積もりができない場合が多いですね。今まで与えられた業務を目標時間意識もなく、場当たり的に行っていた職員は特に計画を立てるのに苦労しています。

X：場当たり的な進め方をする人の中には管理監督者もいます。こちらが計画的に進めているにもかかわらず、中断させるような依頼をする上司です。優先度が高ければ納得しますが、場当たり的な人はそうでないのです。

Z：明らかに自分でやったほうが早いのに依頼してくる上司もいました。

Y：上になるほど、他の人に与える影響が大きいです。時間意識を持つこともその一つですね。Ｘさんの例では、職場全体の業務の優先度の共有が必要ですね。

人材開発係長：計画づくりのスキルを強化すべきと思うのは、実施計画や地方創生戦略における政策ごとの計画を見てもほとんど長期的な描き方で、これでは具体的に動けないのではないかと思っています。今後は地域の多元主体間での協働でまちづくりを展開するためにも適切な計画は必須ですので、今から強化すべきスキルの一つですね。強化したい人はぜひ、プロジェクトマネジメント研修に参加するのもいいと思います。

・現状を把握することの重要性

Y：計画の立て方の話で気づいたのですが、職員の中には時間が足りないことを強調する部下がかなりいます。

Z：行革でかなり人が少なくなったと考えている職員が多いです。

Y：時間が足りないことを強調して何も工夫しない職員に限って、場当たり的であったり、優先順位を意識していないのか、先にやるべき業務の途中で他の業務に手を出したりしてしまっている傾向があります。

人材開発係長：また、具体性に欠いた取り組みをしてしまう傾向もあるのではないでしょうか。例えば、研修で業務改善の必要性を書いてもらうと、時間が足りないとか、人が足りないことのみを記載する受講生がかなりいます。

そのほとんどがどの業務にどれくらいの時間がかかっているとか、なぜ、時間がかかってしまっているのかを明らかにできていないことが見受けられます。

X：私の部下にもそのような職員はいました。そこで私は、その職員といっしょに簡単な‘業務の棚卸’をしました。まず、どのような業務を行っているのかを洗い出しました。その時は2階層くらいに区分し、具体的な業務レベルまで‘見える化’し、それぞれの業務にどのくらいの時間がかかっているかを書き出しました。次に、時間がかかっている理由を確認しました。その中には意味のない作業などもありました。その上で、特に時間のかかっている業務に焦点を絞って、時間のかかっている理由が今後、起きないような取り組みを始めました。

Z：業務時間は年間の時間ですか。

X：その職場は主に定常的に発生するルーティン業務でしたので、月単位での業務時間で行いました。

人材開発係長：業務の書き出しができれば、それをベースに業務スケジュールへつなげることができますね。

X：私自身いっしょにやりながら気づいたのですが、私が質問すると話し出すことです。そして、書きながら話をするとさらなる気づきが引き出せました。最後に今後の取り組みを書き出した時にはやる気が伝わってきました。

Z：それはどのくらいの時間でやったのですか。

X：忙しい中で、私も時間を気にしたのですが、その職員が相談に来たので、その時がチャンスと思って、一緒にやってみました。聞きながらホワイトボードに書きながらすると、確か30分か40分ほどだったと思います。その職員はホワイトボードの内容を携帯で写真に撮り、あとでＰＣに入力していました。今はそれにアレンジしながら時間管理に活かしています。

Y：計画的に業務を進めることに慣れていない職員には初めだけでも一緒に現状把握をして、そこから出てくるアイデアから方向性を共有することも重要ですね。動き出せば、そのあとは自身で動くことができますからね。

人材開発係長：Xさんがやったことは、現状をホワイトボードに書き出しながら、相手から情報を引き出したことですね。要するに、業務改善もこの進め方ですることができれば成果が出てくると思います。

Z：Xさんがやったことは、職員の時間の使い方を明らかにすることです。一日の時間の使い方を把握するアプローチでも何か発見ができるかもしれませんね。

人材開発係長：先に話していた業務スケジュール化は、将来の時間の使い方を見える化したものですが、XさんやZさんのアプローチは今の時間の使い方を'見える化'することで時間創出余地を見出すことですね。

Y：一人ひとりが毎日、何に、どのくらい時間をかけているかを記録（見える化）することで、何らかの発見が期待できそうですね。

人材開発係長：時間がないと言っている職員は、今の時間の使い方の実態を見てみることから始めることですね。

X：2週間、いや1週間でもやってみれば傾向がつかめます。

人材開発係長：今回、皆さんに時間創出余地についての意見を伺うことが目的ですが、今の話は余地を見つけるためには現状を把握すること、できれば実態を詳細に整理してみることから始めることも重要であるということですね。

Z：業務改善に慣れていない職員は問題自体を把握できない場合があります。そのような職員はXさんの例のように現状業務の実態を整理してみることから始めると良いということですね。

X：現状を把握することや分析することから時間創出余地に"気づくこと"が可能ということですね。

人材開発係長：本日は皆さんのような問題意識を持った方の今までの経験から時間創出の余地を語っていただいていますが、Xさんが部下とやったように現状の業務時間配分を明らかにすることだけでなく、業務の流れを'見える化'することで、どこに時間創出の余地があるかも明らかにできます。

Y：'見える化'できれば、他の職員の知恵も活用できますから、改善余地の発見機会が拡がります。

・**段取り不足**

X：計画にも含まれますが、業務ごとの準備不足、段取り不足で結果的に時間を要している場面もよく見かけます。事前に関連資料や過去の履歴を見ておけば良かったのになどです。計画性については場当たり的なという表現がありましたが、段取り不足のほうは出たとこ勝負的な仕事の進め方で業務の質に影響したり、不要な時間をかけている場合が見受けられます。

・**仕事の抱え込み**

Z：手戻りの例として、ある職員が1人で仕事を抱え込み、最後の報告段階で期待した成果物と異なることが判明することもありました。

Y：抱え込むのは自分だけでやろうという意欲と自信もあるでしょうが、このような職員は監督者が途中で進捗状況を確認することが必要ですね。信頼しているのかもしれませんが、業務の丸投げになっていると思います。

Z：特定の人に業務負荷が偏り、長時間の業務になっている場合、その人が業務を抱え込んでいる場合もありますし、その人しか業務ができない場合もあります。

X：今の職場で直面したのですが、特定業務を担当できる人が限定されているので、その人が休むと業務が止まってしまうことがありました。

・**機器操作**

Z：パソコンや機器操作を都度、人に聞くことでお互いの時間がかかっていることもありますね。システムなどはどんな機能が使えるかを知っているだけでも業務生産性に影響しますから。

Y：機械が苦手の人や情報リテラシーの弱い人はどの部署にもいると思いますが、慣れてもらわないと周りの人の時間を奪っていることに気づくべきですね。

X：新たにシステムが導入されても従来の手作業で行っている職員もいます。

システムを使ったほうが明らかに早く、正確なのに手作業で行っています。

Z：ベテランに多いですね。自分のやり方を変えたくないのでしょうね。

Y：変えることは大変ですからね。新たなシステムを使いこなすには時間もかかりますから。

Z：ベテランだけではないでしょうが、変わることに苦痛を感じる人がいます。しかし、その人たちの姿勢や態度は改善に悪影響です。

X：組織として成果を出すにはそのような職員の存在も前提に展開する必要があります。

Y：どう巻き込んでいくか、新たな方法を習得するような推進が必要です。

人材育成係長：そうですね。そのためには、やり方を変えない人を放任しないで、改善の方向性に巻き込むことが必要です。そもそも改善案を押し付けることなく、全員が納得し、前向きに動く環境づくりも大切ですね。今後の改善運動の参考にします。

「業務環境」

人材開発係長：業務担当者だけでなく、監督者のマネジメントの仕方も業務時間に影響を与えることが浮き彫りにされました。職場全体で診ることにより時間創出も可能である点です。他には特定の担当者の業務負荷を分散することができればなどです。最後に業務環境面ではいかがでしょうか。

・書類探索

X：最も大きいのが書類探しの時間でしょうね。保管場所から必要な帳票を探すのに時間がかかることに加え、保管場所が事務所から遠いところにあることもありますからね。

Z：うちはかなりデータ化していますが、多くの職員がその保管場所がわからず探しています。

人材開発係長：書類探索に時間がかかる原因には、保管場所や保管方法だけでなく、特定の人しか場所を知らないので、その人がいないと見つからないこ

ともよくあります。たぶん、これも業務の属人化ですね。

Y：そもそも業務環境として、窓口カウンターに書類が積み上げられていたり、相談室に多くの段ボールが積み上げられています。整理すれば、相談者も落ち着いて話ができるようになるでしょうし、書類探索時間だけでなく業務時間も短くなると思います。

・業務特性と職場環境

Z：企画業務など考えを整理したり、まとめたりする場合、周りに多くの人がいる事務室では騒がしさや電話に出ることで考えが途切れてしまいます。

X：企画的な業務はある程度、集中が必要ですから気が散らない環境のほうが良いですね。

人材開発係長：ますます企画的な業務が多くなっています。また、その質向上が求められているのですが、それは従来と業務内容が異なることですから、それに適した環境も必要になりますね。

3　時間創出の余地に関する意見交換のまとめ

（1）「時間創出の余地（機会）はある」

人材開発係長：業務時間に影響すると思われる４つ（①業務目的、②業務内容、③業務担当者、④業務環境）の側面から時間創出機会について意見交換をしてきました。出てきた意見を整理しますと、多くの職場、業務で時間創出余地がありそうなことが分かりました。

Ｚ：今回の検討は、我々が経験した一部の業務からですが、業務は異なっても同じような時間創出余地がありそうですね。

人材開発係長：ミスや場当たり的な進め方による手戻りの時間などがありそうです。ミスは多くの業務で再発していることからも時間創出のターゲットとなりえるということが言えると思います。ただし、ミスに対してかけている時間は、直接・間接的な時間・コストを洗い出し、共有することが重要であるという意見も出ました。ミスが発生した結果、何らかの不具合に対するアクションが生じるので、そこに投入した時間（創出余地）については職員自身が気づきやすいのですが、目的面から不要な業務、または効果が薄い業務などは気づきにくいでしょうから、従来からの事業ありき、業務ありきの組織風土、職員意識からは時間創出余地はありそうですね。

Ｙ：問題が放置されている職場では、職場（組織）としての業務のあり方（すべき業務なのか、いつ、誰が、どのような方法で行うことが効果的・効率的なのか）検討が必要です。

Ｘ：時間がかかっている背景には、業務の属人化により担当者によってやり方が異なることや個人別の意欲や能力の差もありますが、前工程の業務の出来栄えの影響を受ける業務もあります。これらは組織としての業務ルールが曖

昧であることや守らないことを放置していることが背景にあるなど、組織としての業務マネジメントに課題があるという意見もありました。

（2）「見えてきた時間創出探索のための視点」

人材開発係長：多彩な意見から、時間創出探索する視点が整理できました。意見交換では業務時間に影響を与える4つの要因（業務目的、業務内容、業務担当者、業務環境）を起点に時間創出余地についての意見が出ました。そして、意見交換を通じて、それぞれの要因に含まれる多彩な時間創出探索の視点も洗い出されました。例えば、4つの要因の1つである「業務内容」については、「どのように（HOW）」だけでなく、「どの範囲・程度（WHAT）」、「いつ（WHEN）」などの視点が出てきました。また、「業務担当者」については、担当者だけでなく管理監督者の「マネジメント力」の違いも業務時間に影響することが浮き彫りになり、6W1Hの視点として整理できます（図表Ⅰ-3-1）。

X：やらなければならないことはやる必要があります。ただし、やらなければならないことでも、そのレベルは適切なのかの観点から業務を診ることで時間創出余

図表Ⅰ-3-1　時間創出探索の主な視点

時間創出余地			6W1H視点
①業務目的	目的があいまいなまま業務が行われている。	→	WHY
②業務内容	管理帳票の中に活用されていないチェック項目の記入に時間をかけている。	→	WHAT
	人によってやり方が異なる。組織的な基準があいまい。	→	HOW
	場当たり的に行っている。事前準備が不十分である。	→	WHEN
	前工程の業務不備、遅延で後工程に影響がある。	→	With WHO
③業務担当者	担当者による意欲、能力が異なる。目標時間意識が異なる。	→	WHO
④業務環境	書類、データ探索に時間かかっている。	→	WHERE

地が出てくると思います。なぜなら、今まで業務は"やらなければならないもの"と思い込んできたからです。つまり、業務が目的化してきたのです。よって、まず、"目的的"に業務を吟味することで多くの時間創出余地に"気づく"ことができると思います。

Y：私も同感です。そして、業務属人化の解消も重要な点だと思います。

Z：私は場当たり的な業務の問題にも焦点を当てるべきと思います。

X：今回の意見交換で改めて実感したことに、管理監督者がいかに業務マネジメントするかが重要である点も確認できましたね。目的や目標のすり合わせ、目標時間を意識させること、そして業務を丸投げせずに進捗管理をすることが、業務時間を有効に活用するために効果的だということです。

人材開発係長：意見を整理しますと、時間創出のために重要な点として目的的に業務を吟味すること。業務の属人化を解消すること。業務を計画的に進めること。そして管理監督者が適切にマネジメントすることになりますでしょうか。

II　時間創出のアイデア

1　時間創出のアイデアについての意見交換

人材開発係長：皆さんの意見から多くの時間創出余地が出てきました。これか
　らは出てきた時間創出余地を実際の時間として生み出すためにどうしたらい
　いか、つまり、それぞれの時間創出余地について改善の方向性としてのアイ
　デアを出していただけますでしょうか。

　こちらも先ほどの時間創出余地と同じく、業務時間に影響を及ぼす 4 つの
　要因（業務目的、業務内容、業務担当者、業務環境）の観点からアイデアを
　いただきたいと思います。例えば、目的の観点であれば、目的が不明の業務
　は「止めること」という対策アイデアです。

「業務目的」
・止める
X：目的に対して、効果が出ていない業務も「止める」ことも検討すべきです。
人材開発係長：それは業務を目的的に評価することですね。
X：はい。'この業務はやることになっている'と考えている担当者がいますから。
Z：止めて、誰も困らないのであれば、その業務を止めることを検討してもい
　いのではないですか。当然、止めて困る人がいるかの確認が必要ですけれど。
Y：それには管理過剰となっているチェックや作っても活用されていないレポー
　トなども含まれると思います。やはり一度、目的面から全ての業務を棚卸す

ることが必要ですね。

・減らす

Z：業務自体は止められなくても、作成やチェック項目を「減ら」してもよい
　ものはありますね。

X：「減らす」ことが可能な業務も多いと思います。まず、報告書などの作成物
　の枚数を減らすことや記載項目を減らすことなどがあります。使っていない
　ものを減らすだけでなく、必要なものに「絞り込む」発想が必要ですね。

Y：過剰なチェックなども吟味して、必要な項目に絞り込みたいですね。なお、
　サービスの過剰な部分を減らすことについては、今まで過剰なサービスを受
　けていた人には今後、我慢してもらわなければならないので丁寧に説明する
　必要があります。

Z：同じようにレポート内の項目やチェック項目なども人によっては、'あった
　方が便利'とか、'念のため'などと考える人もいると思います。改めて、皆
　で目的的に業務の棚卸をしながら、今の職場で優先するのは、便利さなのか、
　時間創出なのかを議論することが必要ですね。

人材開発係長：そのような議論は今まで行われていないでしょうから、業務が
　'自己増殖'して、'独り歩き'してしまっている職場はあると思います。そ
　のような職場では'人が足りないと考えてしまう'傾向になりがちですので、
　業務の目的的な棚卸は必要ですね。

X：他に配布物などは配布頻度や配布箇所を減らしても問題ないものもあるの
　ではないですか。

Z：細かいですけれど、電話なども回数を減らすことや時間を短くすることも
　あります。電話の代わりにメールを活用することが考えられますが、今、'直
　接会うことや話すこと'がベストと考えている担当者は、メールでも目的が果
　たせることに気づいてもらうことからはじめることが必要です。

人材育成係長：さらにメール活用のメリットを理解してもらったならば、相手
　に理解して欲しいことをメールで伝える方法の習得も必要ですね。これは新

たな方法を使いこなすための能力開発になります。

「業務内容」

人材開発係長：業務手順の話が出ましたので、業務内容面に移りたいと思います。

・業務の標準化

Y：業務方法で重要なのは、誰がやってもミスの出ない手順を創り込んで職場内で徹底することですね。

人材開発係長：手順の他に判断ミスをしそうな点は基準を決めておくことも含まれますね。

Z：その際、今まで‘例外とされている処理’もできるだけ処理ルールや判断基準を決めておくこともあると思います。

Y：業務手順や基準を決めることで職員は業務で迷いがなくなりますからね。これで時間も短くできるし、判断違いによるミスも防止できます。

Z：業務標準化は業務の属人化も防げますからね。

人材開発係長：業務品質が人によりバラついてしまう主な理由の１つとして、サービス特性として無形性（見えない）であることから生じていると言われています。業務の属人化も業務が見えないので結果的に属人化してしまうのです。こうした“属人化している業務”については、職場として「いつ、誰が、どのような方法」で行うことが効果的・効率的なのかについて検討の上、その‘共有化’が必要です。

X：報告や記録シートも必要な項目に絞り込み（減らす）、全体を書きやすいように簡素化したものに統一することで作成時間を短くできますし、私たち読み手も時間が節約できます。

人材開発係長：Ｙさんの場合は「方法の標準化」で、Ｘさんは「成果物の標準化」ですね。

Z：情報を集めて編集する業務での関連部門別に異なる様式を統一するのは成果物のほうですね。

Ｙ：「方法の標準化」はそれをいかに"共有するか"の工夫が必要ですね。

Ｚ：一般的にはマニュアルを作ることになると思いますが、使い勝手の良いマニュアルを作り上げることが重要です。

Ｘ：マニュアルは手順を文書で作成されている場合が多いのですが、業務の内容や特性と誰が使い手なのかによって、マニュアルの内容や表現を変えるなどマニュアル自体の工夫も必要になります。

Ｙ：そうですね。写真中心で表示するやり方や、最終成果物の見本を添付しておくなど、視覚的な工夫をしている事例がＴＶで紹介されていました。

Ｚ：要するにマニュアルで最も重要なのは作る人の満足でなく、読み手が使えるように仕上げることです。

人材開発係長：マニュアル化の話は、現状、いろいろな方法が混在している業務の手順や判断基準を組織的にルール化（標準化）し、それを'見える化'して組織として活用するということですね。

Ｚ：マニュアル化は引継ぎに苦労している部門にとっても参考になります。

Ｙ：業務の引継ぎが発生するケースには２つあります。１つは人事異動、もう１つは抱え込まれている業務の分散化があります。今、うちの係では後者のためのマニュアル作成を計画しています。業務を抱え込んでいるのがベテランの人で今まで職場を支えてきた自負もあり、私以外の人にはできないという考えもお持ちの方なので、進め方を工夫しています。

Ｘ：うちの係でも同じケースがあります。まず、他の人に応援してもらえるようにということでマニュアル作成を進めています。ベテラン職員だけで行っていた業務がいくつかあり、他の職員はそのやり方がわかりません。そこで現在の担当者のやり方を'見える化'することを第一歩と考えています。見える化ができたら、その業務を可能な限り「標準化」しようと考えています。

Ｚ：「標準化」された業務のマニュアルができれば、他の職員も業務を担当でき、業務分担や業務計画を柔軟に運用することができるので、結果として職場全体の業務時間の平準化につながると期待できますね。

Ｙ：Ｘさんのマニュアル化は職員の多能（マルチスキル）化が可能となるので、

柔軟な分担編成もできるようになりますね。

人材開発係長：また、業務のマニュアル化と職員の多能化で、結果的に人事異動への対応もできますね。業務方法を標準化してミスを無くすための方法としてマニュアル化について意見をいただいてきましたが、マニュアル化をすれば人的資源の有効活用にもつながるということですね。

・周知徹底、仕組み化

Z：先に話が出た職場の問題からマニュアルの活用が期待される職場は多いと思います。それだけに、その職場で活用できるように作るとともに、活用の周知・徹底が重要になりますね。

Y：マニュアルは手段ですから、その目的の共有が重要です。ベテランが基本動作を省いて、ミスやヒヤリハットにつながる事例も聞きますので、マニュアルは決して新任者向けでなく、組織として適切なサービス提供に必須なものだということを職場内で徹底する必要があります。

X："手段ありき"に陥らずに、成果に向けた取り組みが欠かせないということですね。マニュアルの場合は徹底ということになります。

Z：マニュアルは業務のルールを決めた文書ですから、それを皆で使えば成果につながる可能性があります。よって、ルールを守らない職員や組織風土の職場では徹底をどうするのかも検討しないといけないということです。

Y：また、マニュアルを作っただけで"改善は終わった"と勘違いしてしまう場合もよく見受けます。

X：その他に留意しなければならない点として、作成したマニュアル自体に問題がないかも検証する必要があります。

Z：新規マニュアルはその業務に精通した職員が作成することになりますが、それを未経験の職員が使いこなせるかの確認が必要ということですね。

人材開発係長：おっしゃる通りです。使い手の観点で作るだけでなく、それが活用されるためには周知・徹底が求められます。管理監督者のマネジメント力が影響しますね。

X：マニュアルはその定着化だけでなく、マニュアルを継続的に活用していく組織としての仕組み化が行われないといけません。仕組み化することで個人レベルでなく組織レベルでの大きな効果が期待できます。この点は個々の職員ではなく管理監督者の役割が大きいと思います。

人材開発係長：今の管理監督者は次の人に期待するのではなく、自ら取り組んで欲しいところです。それぞれの部署で、今から始めれば異動先でマニュアルによる業務基盤ができているのですから、お互い様の部分もあります。

Z：管理監督者にはベテランの巻き込みも意識して欲しいですね。ベテランは自身の経験で業務を覚えてきた人が多いですから、人を育てることに対して経験を重視する考え方が強い人がいます。

Y：かつては先輩や上司の丁寧なサポートの中で、経験を重ねながら業務の習得や能力開発ができた時代がありました。しかし、今の職場の多くは異なるアプローチを検討することが管理監督者に求められています。

人材開発係長：マニュアル活用アプローチを行う管理監督者はベテランを巻き込むことで、ベテランのノウハウを組み込みながら効果的なマニュアルに仕上げることや、マニュアルづくりの過程そのものがノウハウ継承にもなることを理解するとともに、このことをベテランと共有して欲しいです。

Y：その点では再任用者のノウハウなどが活かせればいいですね。

Z：マニュアル化により、ミスが無くなり、業務に無駄がなくなり、業務を速く処理することも期待できます。そして複数の人による業務分担が可能になりますから、組織的に取り組むことは大きな成果になります。

X：同じようなミスやクレームが繰り返されていたり、常に先輩、上司に判断を仰いでいたりといった職場では、業務目的、業務手順や基準を標準化して、可視化するだけでも大きな成果につながると思います。

Y：そうなれば先輩や管理監督者がミスやクレーム対応をフォローしたり、指導したりする時間も軽減できますね。

・マニュアル活用の効果

人材開発係長：マニュアル化の効果としてミスやクレームが減れば対応時間が浮くだけでなく、負の対応がなくなることで職員や職場の明るさにつながりませんか。

X：加えて、業務目的を自覚した職員が主体的に業務にあたることができるようになります。これは期待しすぎかもしれませんが、職員は目的を意識しながら業務を行うようになりますので、もっと短い時間で目的を達成できる手順に気づくかもしれません。

Z：それはマニュアルをベースに業務を行っていく中で、新たな業務改善につながることも期待できるということですね。マニュアル活用による効果でもあります。

人材開発係長：そうなれば、受け身人材ではなく、目的志向で主体的・自律的に業務に取り組めるようになったと言えるのではないでしょうか。

・マニュアル活用から改善へ

X：それはマニュアルを活用するときの意識として重要ですね。まずはマニュアル通りにすることが優先されますが、実際の対応時において、業務内容や相手のニーズによってはもっと別のやり方のほうが良い場合もありうるわけですから、それを次の対応に活かすことが大切です。

Y：マニュアル作成時に想定していなかったこともあるでしょうから、その場合はマニュアルにメモしておくなどして、標準を改良するか、または例外処理として別紙などに記載するか、どちらにしても組織として共有することが求められますね。

Z：マニュアルに書き込むことも良いかもしれません。マニュアルに記載されていなかった例外や、もっとこうした方が良いという改善のアイデア、またはミスを起こしたり、クレームにつながった個所にその原因や、次回はこうしようという対策アイデアを書き込みしておくのです。そして、それらをベー

スにより良い標準的な業務に作り替えていくことが職場でできます。

人材開発係長：そのようなことを定期的に職場でできれば、業務基盤だけでなく、業務リスク対応もでき、類似業務のミス防止につながります。それだけでなく、組織としての改善能力が強化され、改善風土も生まれてきます。

・暗黙知のマニュアル化

Z：業務手順などはマニュアル対応も可能かもしれませんが、なかなかマニュアル化しにくい業務もありませんか。

人材開発係長：それについては参考になる例があります。○○室の担当者がそろそろ人事異動という時に、自分の経験から得た業務ノウハウを一度、文字に落として整理しました。そして自分の業務を引き継ぐことになると思われる後輩にそれを読ませて、再現できるかを内容検証しながらマニュアルを創り上げた事例もあります。庁内ネットワークで見ることもできます。

X：私はその件について担当者と話したことがあります。マニュアル化した業務をいっしょに行いながら相手が頭だけの理解でなく、行動できるレベルかの確認をしたそうです。その際、後輩にも自身が理解し、行動できる表現に書き換えさせるなどの工夫をしたそうです。

Y：その話は自分の業務を文字化できないと思い込んでいる担当者の参考になりますね。暗黙知のマニュアルを創り上げ、いっしょに業務を通じて伝承していくにはそれなりの時間はかかると思いますが、○○室の担当者の作成例を参考にすれば時間を節約できるはずです。

X：ベテランが暗黙知と思っているだけで、かなり形式知化できる業務もあると思います。まずは自分の業務を具体的な表現で文字化、視覚化することから始めてみることが必要と思います。

人材開発係長：それを後輩に読んでもらい、理解できない点はいっしょに表現を考えるなど共同で取り組むことが効果的で効率的だと思います。

・簡素化

Z：やり方が複雑で手間がかかっている業務は、もっと簡素化することも検討が必要です。

人材開発係長：先にＸさんが言った報告書項目の絞り込みをして標準的なシートを設計することと組み合わせると先に方法の「簡素化」を行って、その上で「標準化」という順でできれば良いですね。

・成果志向の取り組み

X：" 手段ありき " の傾向はマニュアルだけでなく、何か仕組みを作っても形式的な運用になりやすいので、成果に向けた取り組みも必要です。

Y：手法そのものは良くても、成果の実現性を考慮しない改善活動ですね。

Z：いろいろな政策領域では「予防」の観点が重視されていますので、関係部署では予防に関する新たな取り組みをしています。例えば、相手方へ訪問して行う検査業務です。

X：そのような業務に慣れていないと予防の目的の業務にもかかわらず、検査漏れがあったり、指導ミスがあったりして後で問題になることがあります。

Z：また、訪問先の相手とのコミュニケーションの仕方や対応方法も、今まで未経験の職員は慣れていないので、相手からクレームが来ることもしばしばあります。

人材開発係長：" 手段ありき " というのは、改善案を実施する場合は手段を実施するための環境整備も重要であることですね。

X：予防などで相手先に訪問する場合、その方法を理解することや必要な時間を確保することですし、Ｚさんが言われたように職員によっては、相手との良い関係を構築できるようなコミュニケーションスキルやマナーのようなものを事前に学ぶことが必要です。

Y：新たな取り組みは良いことですが、成果のためには必要な準備が不十分なまま手段のみが歩き出すことがないようにしなければなりません。

X：そこに実施率などの数字が課せられると数字づくりに走る危険もあります。

人材開発係長：この事例での事前準備としては、新たな方法を相手先に理解してもらい、実態を把握し、指導するなどの練習、この場合はロールプレイングなどをすると効果があるはずですね。

Z：しかし、現場では時間がない、指導する人がいないなどの制約があります。

Y：現状は今までの業務も行いつつ、新たな業務をするなどムリなことに挑戦しようとしているように思えます。

X：しかし、政策として重要な方向にシフトするからには、そのための環境整備もしっかりしておくよう組織として動く必要があります。組織的に動かないと現場の個々人に負荷がかかりすぎます。

人材開発係長："手段ありき"で成果への環境整備不足の取り組みで思い出したのは、「事業評価制度」や「目標管理制度」など制度やそのツールを作って、現場の理解やツール活用能力が不十分なまま運用したことを思い出しました。

X：これから予定されている「内部統制制度」なども同様のリスクが考えられますから、もし導入するのであれば、慎重で十分な検討や環境整備が必要と思います。

・リスクへの対応

X：業務上のリスクを想定し、対応しておくことで発生が防げる業務ミスやクレームのことが出ましたが、新たな取り組みにはリスク対応が必要ですね。

Z：ルーティン業務など手続きが複雑でなく、繰り返し発生するものは、担当者によっては経験からリスクを想定しながらやっている職員もいますが、新たな取り組みは誰も未経験ですから、リスク対応をしてくことは重要ですね。

Y：新たな取り組みの場合は誰も経験していないですが、類似の体験者などからの情報や業務内容を'見える化'しておき、それを見ながら考えられるリスクを洗い出すことが有効化もしれません。

X：その場合、多くの関係者を集め、皆の知恵を出し合う環境が必要ですね。

Z：リスク対応にはもし、リスクが洗い出せたとしたら、事前に対処する予防と、

　　発生した時、適切な対応を事前に準備していくなどがありますが、まずはリスク洗い出しが必須です。

X：そうです。リスクの洗い出しができれば、それぞれのリスクの発生確率と発生時の影響度からリスクを評価して対応の優先度を決め、その対応策を練ることにもつながります。

Y：業務によってはそのようなリスク評価も効果はあると思いますが、まずは業務ミスやクレームの未然防止のための対応が必要です。

Z：実はリスク対応は自治体業務では重要視されているらしく、今、検討されている内部統制制度にも「リスクの評価と対応」が組み込まれています。

人材開発係長：今までの話し合いでも共有したように業務改善の方向性としてもリスク対応は大切です。まずはミス、クレーム防止にリスクも洗い出す必要性があるということを全庁的に共有することが重要です。

・ミス再発防止

Y：ミスやヒヤリハットなどの再発防止につながる方法を作るには、まず、発生原因を明らかにすることが重要です。

Z：発生原因からの対策も大切ですが、私は、"ミスは起きるもの" という発想で、起こさないための仕組み、例えば、予防や早期発見などの発想も組み込んだ対策が必要と思います。

X：そうですね。そして、対策の運用と定着への工夫も必要ですね。

・自動化（機械化・システム化）

X：業務によっては、手作業の自動化として、機械化・システム化もあります。ただ、業務の標準化の徹底や例外を無くしておかないと、あとで担当者がフォローすることになり、効率的になりません。

Y：申請などのシステム化が進んでいますが、今まで冊子を作成し、配布していた情報などはシステム化すれば作成時間、配布時間が短くできます。当然、費用対効果の検討も必要ですが。

X：計画策定や進捗管理は既存のシステムで行うことができます。私は部下の業務進捗が見えるので活用しています。しかし、知らない人もいるようです。

人材開発係長：同じシステムで残業についての届出と月次集計もできます。個人別の集計に部門集計など考えればシステムを活用したほうが大きな時間節約になるのですが、従来の手書きと手計算をしている人が多いのが実態です。

Z：システムに業務に役立つ多様な機能があっても、使っていないのではもったいないですね。

X：業務に役立つ機能を知らせたり、使い勝手が良いようにしたりすれば、利用者が増えるのではないですか。

Y：システム化で懸念されるのは、業務の流れの一部がシステム化されると、そこが"ブラックボックス化"され、担当者が業務全体を把握できなくなることがある点です。何か問題が出た時、対応に時間がかかってしまうのです。

X：それを防ぐためには業務の入り口から出口までの流れ（プロセス）と業務内容を'見える化'しておき、共有することが効果的だと思います。

・前工程へのルールの周知・徹底

Y：前工程における業務についての問題として挙がったのは、記載内容や添付書類の不備、そして期日遅延でした。両方とも決められたルールがあるのですから、それが理解されているかの確認と徹底が必要ではないですか。

Z：記載不備などへの対策は相手が理解しやすい手引書やチェックリストの配布があると思いますが、遅延などは受け付けないことで問題を自覚してもらうことも必要ではないでしょうか。

Y：自覚してもらうことは重要ですね。次工程の担当者が修正してくれることを当然と考えている人もいるのではないでしょうか。今まで遅れても自分にとって影響がなかったら、このままでいいと思い込んでしまうのもわかります。

X：少なくとも職員には、「あなたの不備や遅延でどれだけ無駄なコスト・時間がかかっているか」を伝えることも効果があるのではないですか。

Y：こういった不備や遅延は部門が特定できるので、その部門の管理監督者に

伝えて対応してもらうことから始めてはどうですか。

Z：前工程の人には、その不備、遅延により、本人自身が被る不利益を伝えることも効果的でしょうね。

人材開発係長：私も前工程の人に自覚してもらうことは賛成です。ただし、この問題についての前提は、組織としての‘ルール・基準が適切だ’というものです。対策を立てる前に、特に不備や遅延が多い部門にその原因を聞いてみること、例えば、記載しにくい項目があるとか、締め切り日自体が厳しすぎるとか、現場の意見が分かれば、提出する現場や処理担当部門の両者にとって効果的な対策につながるのではないでしょうか。

X：つまり、業務の仕組みを作る場合、担当部門だけで決めるのではなく、前工程や後工程など関連する部門も含めた全体の業務、関わる組織などの声を聴くことが必要ということですね。これからの業務改善に活かせば、全体として、“ムダ、ムリ、ムラ”がないような全体最適な仕組みづくりが期待できますね。

Y：管理部門などが決める組織内ルール・基準は、現場の実情を無視して決めてしまう傾向がありますから、現場にもムリがないような納期設定を希望します。

・まとめる

Y：他にも、その都度やっている業務を「まとめて」行うことで準備時間など減らすことができます。

Z：2種類の帳票を1枚にまとめるとか、複数の会議をまとめるなどは結果的に減らすことになりますね。

人材開発係長：確かに、毎回発生する固定的な時間は「集中」したほうが効率的になる業務もありますね。

X：重複している業務などはどちらかを減らせば良いと思います。また、業務手順の一部を省略しても問題のないものもありますね。

Y：事業評価制度や目標管理制度など関係の管理部門に提出する帳票には、項目をまとめることで作成負荷が減少するものがあると思います。

「業務担当者」

・ＯＪＴ（On the Job Training）

Ｚ：職員の能力アップにはマニュアル活用もありますが、他にＯＪＴも効果的ですね。ただ、誰が教えるかで受ける人の習熟度も影響を受けますが。

Ｘ：前の課にいた時、そこの課長が行っていた話です。住民への説明内容を統一するために職場内講習会を実施していました。課長が問題視したのは住民からのクレームで「説明がわからない」とか、「担当者によって説明内容が異なる」などが多くなってきたことでした。職場内講習会は事例研究を職員が持ち回りで担当しました。事例は担当者が自らの経験を話し、それに対して皆で意見交換をしました。

Ｙ：皆で話し合う中でベテラン職員の経験談やそれからのノウハウなどが、皆で共有され、特に若手にとっては勉強になったと思います。さらに意見交換の場で標準的な説明の進め方や表現方法が共有されたのでしょうね。

Ｘ：はい。興味深かったのは、例外のときの説明方法などがベテランによって異った時です。意見のやり取りなどで時間がかかることもありましたが、職場全体としての底上げになったことです。その後、説明時間の短縮やクレーム回避につながり、職場としては使った時間以上の成果を享受できたと思います。

人材開発係長：効果的であれば一定時間の投入も必要であり、その時間はしっかり回収できた事例ですね。Ｘさんの話は他の部門でも参考になりますね。先ほど紹介した庁内ネットワークに改善事例集がありますので、ぜひ、そこに紹介していただきたいと思います。

Ｙ：今の例は管理監督者が組織的に展開したことが大きいのではないでしょうか。

・スキルアップ、マルチスキル（多能）化

Ｚ：仕事の属人化や抱え込みを無くすためには一人ひとりの能力アップ、他の業務も担当できる体制整備、それに伴う職員のマルチスキル（多能）化も必要ですね。

人材開発係長：職員のマルチスキル（多能）化ができれば、業務を応援し合うことで、業務量の平準化も可能となるはずです。そこに業務の計画化による業務の分散化と組み合わせれば、もっと効果が上がると思います。

X：業務に慣れていない職員だとわかっているにもかかわらず、任せてしまっている監督者にも問題があると指摘した件ですが、例えば、経験のない担当者であれば、ベテランがダブルチェックすることも良いアイデアと思います。ベテランは業務のツボを知っているはずですから、時間をかけずに的確なチェックができると思います。

Z：職場内で人を育てる以外に担当者を変える方法もあります。特に専門性の高い特定業務は外部を活用するとか。

・計画化

X：場当たり的な取り組みへの対策は計画的な業務にすることでしょう。計画的に業務を行うことは優先順位を明確にし、優先度の高い業務に集中することもできますし、突発業務に対しても交通整理し、対応可能になります。

人材開発係長：慣れた業務など本人にとってやりやすい業務を優先にして、重要な業務を後回しにすることも防げます。

Z：具体的には業務計画を立て、業務・活動内容に漏れのない事前準備を行うことと、期日に間に合うように進捗管理をすることが重要ではないでしょうか。

X：その２つをきちんとできるような計画内容を創り上げることが必要になります。そして、皆で共有できるように描くことですね。例えば進捗管理は計画と実績が比較できるような表示が良いですね。

Z：計画を立てておけば早めに着手することもできますし、業務が分散でき、業務時間の平準化につながるでしょう。

X：業務の時期は決まっているのですから、関連する業務を作業レベルにできるだけ細かく分けて、早くできる作業を先に行っておくなど、業務を分散している職員もいます。

Y：業務や作業が分散されれば時間だけでなく、気持ちにも余裕が生まれますね。

X：計画を立てておけば、Ｚさんが言われたように"先手着手"ができますし、遅れが生じても、柔軟に対応でき、業務を自分が主体的にコントロールできます。

Z：計画化とは、業務別の目標時間を決めて、それを'見える化'しておくことと言えます。それを見ながら、できるだけ目標時間内に完了することを意識することで業務時間を短くできると思います。

X：一つ一つの業務に対する時間目標を立てることが重要ということですね。この業務は'○○時までに終える'とか、この案件なら午前中２件訪問できるなどです。これも計画に書き込み、'見える化'することで目標意欲も高まります。

人材開発係長：具体的には業務スケジュール表を作成することになりますね。計画についての今までの意見からは、業務スケジュールの'見える化'、つまり業務スケジュール表の作成は日時だけでなく、担当業務によってでしょうが、年次や月次スケジュール表を作成し、連動させながら活用することが効果的ですね。

Y：業務スケジュール表は作るだけでなく、依頼者や連携する人と共有しておくことも必要です。

人材開発係長：計画を立てることは手段です。その目的は業務を自身でコントロールすることです。よって、自分がコントロールできるような内容のスケジュール表が必要です。

Y：業務計画の前提となる業務目標達成のために、すべき業務の具体的な洗い出しや業務の流れの設定が重要です。まず、具体的な業務でなければ、スケジュールも大雑把になります。また、業務に漏れがあったり、順番が逆のままでは計画を立てても実施段階で対応に時間がかかります。

Z：つまり、業務スケジュール表を作ればよいのではなく、効果的・効率的に活動できるような中身を作成することが必要ということですね。計画的に業務を行うことに慣れていないと業務スケジュール表を作ることが目的化し、作っても使えない場合もでてきそうですからね。

X：これも手法に振り回されないように、目的の自覚と適した手法の活用に慣れるような仕掛けや支援が必要な職員もいるのではないですか。

Y：単に手法を教えるだけではなく、適切に活用できるようなサポートがないと、適切な運用ができずに結果的に業務スケジュール表は作っているが、手戻りが生じてしまうことも起こりかねないですね。

人材開発係長：そうですね。新たな取り組みには新たな手法が関係しますが、その効果的な活用は工夫が必要ですね。

X：業務計画の具体的な作成でのコツがあります。業務の順番は、とかくスタートから順番を決めていく傾向がありますが、めざす目標（成果物）から逆算発想で組み立てるようにすれば効率的な手順になります。逆算していけば、業務の漏れにも気づくことができます。

・優先順位

Z：業務計画を立てておくメリットとして、計画を立てておくことで、あれもこれも同時にすることもなくなるでしょうし、目の前の業務の優先順位を決める場合、明日でもいい業務は明日に回すこともできますね。

X：優先順位の判断には、「重要度のレベル」と「緊急度のレベル」の2軸からの基準で業務を比較すると決めやすいです。

Y：時間配分がうまくできていない職員には優先順位という発想よりも、逆に"後まわし"してもいい業務や作業を選ぶようにアドバイスしています。結果として、今、すべき業務を優先することになります。

人材開発係長：優先順を判断する場合は、職場内でのコミュニケーションが重要な時もありますね。例えば、職員が納期間際の業務を優先して実施している時に、上司の依頼が来た場合、職員によっては上司の依頼をそのまま受けてしまうこともあります。

X：本来、依頼業務の目的と納期を確認すれば良いのですが、それを確認しない部下もいますし、確認させない雰囲気の上司もいますからね。

人材開発係長：その時、部下は納期間際の業務があることを上司に伝え、いっしょ

に優先すべき業務を決めることです。そうすることで、別の人に依頼しても
らうなどの選択肢も出てきます。

Z：それは他部門からの依頼にも言えますね。

X：その場合のコミュニケーションは交渉的要素が含まれます。相手の要望も
ありますが、まず、こちらも優先順位や業務スケジュールの観点から成果物
の範囲や納期を交渉しないと、自分の業務に問題が生じてしまいます。

Z：なんでも相手の依頼通りに受けていてはいけないですからね。

人材開発係長：優先順位を決めるためにも業務スケジュール表が作成してある
と、それに基づいてコミュニケーションができるのですがね。

Y：その場合、業務スケジュール表は将来の活動予定が ‘見える化’ されている
ことですから、コミュニケーションツールの役割を果たすということですね。

Z：限られた時間内で業務をするために、優先順位を決めることは効果的です。
例えば、会議などで決めるべき項目を洗い出し、その優先順位をつけておき
ます。そして、会議を1時間内と区切り、1時間内で決めた項目だけで会議
を終了することなどです。

Y：加えて、意思決定基準も明確にしておくとよいですね。

X：それは限られた時間内での業務にも活用できると思います。何人かの職員
の観察結果から言えることなのですが、打ち合わせしながら整理し記録して
いく業務において、それぞれの職員が好き勝手に自分の観点から長々と的を
得ない話をする傾向があります。そして、その話をどうまとめるかを思案し
ながら報告書に書き込むので、それにも時間がかかっていました。もし、整
理の視点を事前に決めておき、その視点に焦点を当てて話し合えば、打ち合
わせと報告書作成の時間が短くできます。

Y：コミュニケーションにおいては、その目的に適した視点や基準を決めておき、
参加者はその基準を意識することで時間が短縮されるということですね。

人材開発係長：目的に加え、視点や基準を決め、それに焦点を絞って話し合う
ことで意識の集中ができるので横道にそれることを避けることができますし、
話し合いの質も高まるのではないですか。つまり、時間が短くなるだけでなく、

成果も高まることが期待できます。

・集中

Y：業務を作業レベルに分けて空き時間に埋めていく、業務の分散による時間の有効活用もありますが、逆に業務、または作業を集中させることで効率的になるものもあるのではないですか。

Z：そうですね。まず、考えられるのは固定的な時間が伴う業務は、分散して行えば、その都度、固定時間が発生しますね。機械を使う業務などはそうですね。

人材開発係長：例えば、ＰＣの立ち上げ時間などですね。

X：ＰＣと言えば、毎日膨大なメールがきますが、そのチェックはまとめたほうが効率的ですね。ただし、内容によってはすぐに返信できるものはしますが、それ以外、例えば要確認事項は後にするなど、対応は内容別に区分しています。

・段取り

人材開発係長：計画的に業務を進めることで段取りがしっかりしていれば手戻りも少なくなりますね。

Z：そうですね。事前準備として段取りをしっかりすることが重要ですね。例えば、会議の前に、その目的やそのための情報を集めておくことや配布資料を読んでおくことなどもそうです。

X：訪問に行く際にも、行く目的に基づいて相談内容に対しての資料を準備しておくだけでなく、過去の相談履歴にも目を通しておくことなども含まれます。

・成果（物）目標の設定とその共有

Y：計画的に業務を進める際に効果的なのが成果（物）目標を設定することです。そして、目標は最終と中間に分けておけば、進捗管理もしやすくなります。いつまでに何をすればいいかという節目、節目に目標を作っておくと、当面はそれをめざして活動もできるし、もし、余裕ができれば、別の業務もでき

ます。

Z：目標は時間に対してだけでなく、業務目標は職員の業務意欲を高めます。そして、改善意欲を高めることにもなります。以前いた税徴収係では、収納率目標をめざして皆が意欲的でした。達成に向けた業務改善では多くの創意工夫も出ましたし、その実施が目標達成に貢献していました。

X：具体的な成果（物）目標の設定には上司や依頼者とのすり合わせが重要です。計画段階での成果（物）目標は依頼者の'期待'ですから、目的に加えて、成果（物）目標を互いに明確にし、確認しておく必要があります。

Z：それに加えて計画に節目の目標を組み込んで、それを上司と共有しておけば、途中で変な横やりやそこでの説明時間などはなくなりますね。

Y：そのようなマイクロマネジメント（細かい管理）が起こる背景には上司としては何も報告がないと心配になるので確認を入れる場合もあると思います。

X：管理は全ての職員というよりも、計画的に業務を行うことに慣れていない職員に必要と思います。

人材育成係長：管理監督者のほうも計画を立てて、進捗管理することに慣れていない職員もいますから、形式的に進めるよりも、事前に計画や節目の目標を共有しておくことから始めることを勧めます。

・マネジメントや管理

人材開発係長：管理監督者のマネジメントも時間創出には重要である点も出ましたね。目標共有と進捗管理でしょうか。

Z：「計画化」によって「業務の分散化」や「業務分担の再編成」などが可能になります。よって、やはり全体を見る立場にある管理監督者がこの点で重要な役割を果たします。計画づくりや進捗管理は管理監督者がしなければならない仕事だと思います。

X：私は庁内ネットワークに入っている「スケジュール管理システム」を係内で使っています。部下全員の計画や進捗状況を適時把握するのに役立っています。

人材開発係長：それはどの職場での活用が可能にもかかわらず、使っている部門はかなり限定的です。

X：部門というより人でしょう。使っていない職員は他の面からも今までのやり方を変えたくない傾向があります。

Z：うちが導入したシステムは多機能設定があるのですが、使っていない機能がありますね。

Y：私も職場全体の業務管理に使っていますが、活用すればかなりの時間節約だけでなく、適時、情報を見ることが可能なので、それに基づいて効果的なマネジメントができています。

「業務環境」

・整理整頓

Y：書類については各係に配布したり、場合によっては全員が持っているものも、まとめて一か所にすることで作成時間、配布時間、探索時間などを節約できると思います。

人材開発係長：「業務改善事例集」に掲載されているのでご存知だと思いますが、数年前、Hさんが係長の時、職場全員で整理整頓を実施した例があります。

Z：それは整理整頓前後の係（の島）と段ボールだらけの会議室の写真を紹介しているものですね。私もHさんと話をする機会があり、整頓後はかなり業務の生産性が高まったと言っておられました。整理作業を皆でやることで一体感と達成感が得られ、その後の職場内のコミュニケーションにも良い影響があったとHさんは振り返っていました。

X：その他に書類やデータ探索の時間を短くするには整理整頓が重要です。ただ、整理方法を決めることから始める必要がある職場が多いです。その方法を皆で共有することと、保管業務の属人化を防ぐことも含めてですね。

・レイアウト

Y：移動時間や探索時間を少なくするためにレイアウト変更なども効果的です。

うちの係では窓口に来られた住民が待つスペースはレイアウト変更したのですが、事務スペースは他の係との調整もあって先延ばし状態です。

・業務に適した場所

X：業務に適した場所も重要ではないでしょうか。企画などはある程度静かな、意見交換を可視化できるようにホワイトボードなどが用意されている部屋のほうが良いと思います。

・対策に向けた分析

人材育成係長：今回は皆さんのご経験から改善の方向性について語り合いましたが、意見交換の中でもありましたように、実態を整理したり、問題に適した分析をしたりすることで、より多彩な案や、その案自体が効果的、実現可能な内容なものにまとめることができると思います。

X：例えば、窓口業務では住民との接点であることを考えると、効果的、効率的なサービス提供をするためには自治体、職員にとってだけでなく、サービスの受け手の視点からも問題点やその原因を明らかにすることも重要ではないでしょうか。

Z：職員からの視点だけでは良いアイデアが出ないということですね。

Y：窓口業務だけでなく、前工程の担当者も含めて、連携して業務遂行をしている場合は話を聞いてみることが出発点の場合もあるようですね。

人材育成係長：問題について関係者と共有することができれば、そこから本来の目的の問題解決へのアイデアが生まれる可能性もあります。

2　時間創出のアイデアについての意見交換のまとめ

人材開発係長：いろいろなアイデアをありがとうございます。意見から出てき
た時間創出のための対策の主な方向性は「（①）業務を止めること」、「（②）
業務内容を減らすこと」、「（③）業務のやり方を変えること」などが出ました。
代表的なものを洗い出したものが図表 II-2-1 です。

図表 II-2-1　意見交換から洗い出された時間創出のための対策の方向性
① 止めること
② 減らすこと
③ やり方を標準化すること
④ 自動化すること
⑤ 簡素化すること
⑥ ルールを徹底すること
⑦ 能力を高めること
⑧ 分担を変えること
⑨ 平準化すること
⑩ 多能化すること
⑪ 計画的に行うこと
⑫ 優先順位を決めること
⑬ まとめること
⑭ 分散すること
⑮ 目標の設定・共有すること
⑯ 目標時間を意識すること
⑰ 整理整頓すること
⑱ レイアウトを工夫すること
⑲ 管理監督者が目標のすり合わせや進捗管理をすること

3　意見交換から業務改善への活かし方

（1）視点の整理

人材開発係長：座談会を通じて、いくつかの視点が出てきたので、それらを整理し、今後の活用方法についてまとめておきたいと思います。

Y：まず、時間創出の意見を引き出す際に使った業務時間に影響のある要因の4つ（①業務目的、②業務内容、③業務担当者、④業務環境）は、時間創出に向けて業務を棚卸（診断）する視点、つまり、「業務棚卸（診断）視点」になりますね。

人材開発係長：業務棚卸（診断）の際に活用できますね。さらに意見交換を通じて、4つの要因はさらに6W1Hに細分化できました（図表I-3-1）。今後は各職場での業務全てに対して、これらの視点で時間創出はないかを棚卸し、または診断する際に使えます。細かい視点でよりきめ細かく棚卸したほうがたくさんの時間創出案が期待できます。

Z：改善アイデアの意見交換で出てきた視点は19個ほど洗い出されました（図表II-2-1）が、これらは対策を立てるための視点、つまり、「対策視点」となりますね。

X：加えて、個々の業務改善とともに、その対策の周知徹底やその仕組み化なども重要であることが確認できました。この点は管理監督者の役割であり、自覚して実施しないとせっかく時間を使い改善しても、元に戻ってしまいかねません。

人材開発係長：Xさんの言うとおりで、庁内で閲覧できる改善事例も発表された当時は実施され、成果があったものでも、推進者が職場から異動になると元に戻った事例もあります。全くもったいない話です。

Y：戻ってしまうのは徹底度や仕組み化に問題があった他に、まず、改善に対して意欲と能力がある人が職場内で限られているということが挙げられます。全庁的運動などは特定の人が中心になって行う場合が多いのです。事例集では、あたかも職場で実施したように記載されていても、実際は特定の人だけが実施しているような場合もあります。

人材開発係長：意見交換でも出ましたが、現状を把握したり、業務に適した分析をしたりするなど、業務改善運動で紹介している手法を適切に活用できれば、より効果的な対策立案が出てくると思います。しかし、現状ではそれを使いこなせるスキルや環境にない職員、職場がありますので、まず、やってみることも重要だと思います。

Y：業務改善運動へ１つ提案があります。現状把握や分析は教科書的な手法も有効なツールと思いますが、必要なのは効果的な対策立案ですので、そのためにはテーマによっては、関係者に話を聞いたり、状況を観察したりすることも重要な取り組みであることを伝えて欲しいのです。

Z：そうですね。サービスに関する対策については、自分で経験しながら現状の業務方法を住民目線で見ることでも、対策に有効な情報を得ることができるかもしれません。

X：組織的に業務改善を進めるにあたり、何のために業務改善をするのか、また、どのようにすれば成果が出るのかを一人ひとりの職員が理解し、そのスキルを高めることが現状、不十分です。

Y：先ほども言いましたが、業務改善をするにはその業務の関係者を巻き込むことが重要です。そのためにはその業務を改善したい意欲があること、それが相手に伝わることが必須ですが、加えて改善するスキルがないと進みません。

人材開発係長：まず、意欲ですね。それで相手が共感し、いっしょに考えれば改善につながる可能性があります。

Z：全庁的な業務改善より、小さくとも現場で動き出すことが重要だと思います。

Y：現場で業務に精通している人たちが集まれば、良い知恵が出ると思います。

X：そこで小さくとも成果が出れば、より大きな改善成果を求めることにもつながり、そのために必要な改善手法、ツールを探すことにつながってはじめて、全庁的業務改善運動で紹介しているガイドや手法が必要になるのでしょう。

Y：今、紹介されている手法やツールも汎用的なので、改善したい業務に活用するには、使い勝手が悪い場合もあります。

Z：今の話からも、現状の業務改善運動は現場での改善活動を促進する意図もあったと思いますが、うまくいかないのは業務改善運動の推進者が押し付けていると職員に思われているのも原因ではないですか。

Y：意欲ある職員が主体的に動ける環境整備が必要ですね。

Z：私は職場が改善をする用意ができていないことが要因と思います。個々人の改善意欲や改善能力に加えて、組織としての改善風土などへの取り組みも必要なのではないでしょうか。

X：組織的な改善風土は管理監督者の意識や役割も大きいと思います。うちの組織では改善意欲と能力のある管理監督者はそう多くないのが実態です。

人材開発係長：そもそも今の管理監督者は業務改善を実施する環境になかった中で業務を行ってきた人ばかりです。業務改善をする機会がなかった人が多いので業務改善の進め方などもわからない人がいるでしょう。ましてや新たな職場では新たな業務を覚えるのに精いっぱいで、既存の業務で進めるしかないと思っている管理監督者は多いと思います。

Y：そう考えると組織的に業務改善をする環境が整っていないと言えませんか？従って今やっている全庁的な業務改善運動も特定の個人の意欲と能力に依存した業務改善運動、つまり"属人的な業務改善活動"と言えるかもしれませんね。

人材開発係長：今回の皆さんのご意見は業務改善に慣れていない職員の方に、改善余地があることを気づいてもらうことと、その余地に対する対策の方向性についても理解してもらうことができます。

X：その点で業務改善に慣れていない職員を動機づけるきっかけになりそうな意見が整理できました。

Z：改善余地に気づき、対策視点を使って、まず、改善してみることにつながりそうです。

Y：先に話した組織的な業務改善の課題からすれば、大きな一歩につながりそうです。

人材開発係長：うちの業務改善運動に対する実態からすれば、一人ひとりが動き出すことが必要と思います。

Z：今回の改善余地の意見を自分の業務に照らして、改善余地に気づき、そこに改善対策視点を使って改善をすることにつなげることも、全庁的な業務改善運動の基盤になると思います。

Y：ただ、今日の意見交換から気づいた点は、全庁的展開よりも職員一人ひとりが動き始めることができる環境を整えることを目的に何かしたほうが良いのかもしれません。

人材開発係長：今の自治体に必要なのは、地域の課題を自ら発見し、その解決も地域に適したやり方で実現する組織や職員の能力を高めることです。全庁的業務改善運動は業務効率化だけではなく、職員・組織の問題解決力の向上につなげたいと思っています。

X：ただ、現場からは、今までは業務改善運動ありきで、そのひとつの物差しとして提案件数の数を重視しているように見えます。

Y：今回の意見交換でも出たように手段ありきに陥らずに、目的に適した手段の発想が全庁的な業務改善運動にも必要ということです。今後の見直しには、業務改善運動の‘目的’を再検討することから始めることも必要ですね。

人材開発係長：皆さん、本日はありがとうございました。皆さんのご指摘により業務改善運動停滞を打開するために考慮する点も多くいただきました。全庁的な業務改善運動の目的の検討も含めて、これから行う業務改善運動の見直しに活かしたいと思います。

（2）活用方法

人材開発係長：皆さんとの意見交換を通じて整理できた２つの視点ですが、「時間創出探索視点（図表 I-3-1）」は業務を診断し、時間創出余地の洗い出しに活かせます。また、「時間創出のための対策の方向性（図表 II-2-1）」は対策立案の段階で活用できます。

Y：「時間創出探索視点」は、業務改善から時間創出の余地を気づかせるのに役立つと思います。また、「時間創出のための対策の方向性」は固定的になりがちな対策発想を多面的な視点から診ることに役立つ内容だと思います。

Z：「時間創出探索視点」を使い、全ての業務を対象に固定観念を捨ててゼロから診断し、手順に沿って進むことができれば、取りこぼしなく時間創出余地の洗い出しが可能となります。時間はかかりそうですが、着実に大きな成果が期待できます。

X：これらの内容を人材開発係長が今後の業務改善運動に役立てることを期待します。ただし、一人ひとりの業務を改善する意欲や業務改善スキルを高めることも必要です。

人材開発係長："対策ありき"の業務改善にならない企画をつくるスキルなどですね。対策ありきの企画案は業務改善に慣れていない職員に見られる例です。

Y：そうなるのは、業務改善事務局が「いつまでに企画案を出せ」と忙しいのに案を督促することにもあると思います。

人材開発係長：それもあるかもしれませんが、X さんが言いたいのは、現場が使いこなせる業務改善の方法や手法の習得も必要だということではないですか。

X：そうです。忙しい中で、成果を出すためのノウハウですね。

人材開発係長：その点は、今までの全庁での業務改善運動では教科書的な手順や定型化したシートを全部門一律で進めてきました。今日のお話で実態や状況に合わせた取り組みの必要性も実感しました。

Z：自治体には多種多様の業務がありますから、その特性に合った方法や手法もあるように思います。

人材開発係長：皆さん、たくさんのご意見、アイデアを出していただきありがとうございます。ここまでに時間創出余地への意見や改善対策に対するアイデアからそれぞれ「時間創出探索視点」と「時間創出のための対策の方向性」が整理でき、最後はそれを職場でどう使うのかについての方向性についても意見をいただきました。一度、私の方でまとめて、皆さんに確認をとります。そして、今後の業務改善運動の見直しに活かしていきたいと思います。ご多忙の中、お時間をいただきましたが、極めて有意義な内容に仕上がりました。ご協力ありがとうございました。

III　主な業務タイプ別・時間創出の余地と創出のアイデア

1　自治体業務の主なタイプ

　業務時間創出余地について、探索と対策の視点を整理する意見交換の中で、業務タイプ別に時間創出するポイントも出てきました。業務タイプ別の視点は、今後、職場別や業務別特性を対象にした時間創出を探索するための業務を診る視点として活用できます。職員間の意見交換を参考に主な業務タイプを下図（図表III-1-1）のように整理できます。なお、業務プロセスの観点からは企画が初めにくるのですが現状業務の実態からサービス提供を最上段にしています。

図表 III −1−1　業務タイプの整理

区分	業務タイプ	内容例
A：サービス提供	①窓口申請業務	住民票申請などへの対応
	②許認可申請業務	許認可申請への対応
	③訪問対応業務	家庭、現場での対応
	④相談・要望対応業務	相談・要望への対応
	⑤情報発信業務	情報発信（通知、PR, 広報）
	⑥事務処理	課税業務など
	⑦庶務業務	庶務業務
B: 企画	①企画構想業務	新規事業企画
	②企画関連調査業務	情報収集、まとめ
	③調整・意思決定業務	意見のすり合わせ
C: 管理・指導（委託先等含む）	①管理業務（監査含む）	業務内容・進捗状況の把握、評価
	②指導業務	業務内容への指導
D: その他	①イベント業務	イベント企画・準備・実施・フォロー
	②会議	情報共有・意思決定
	③設備・車両管理	メンテナンス、管理など

2　業務タイプ別時間創出の余地

（1）意見交換

人材開発係長：業務や職場での時間創出余地についての意見の中で、職場特有の業務タイプを確認することで時間創出余地のヒントがあるように思えました。例えば、窓口対応においては、‘時間がかかっている’、または‘かかりやすい処理や活動’がありそうです。異なる業務タイプ別にそれぞれに特徴的な時間創出の視点が洗い出せるのではないかと思います。Ｙさんの職場では窓口業務が中心になっていますが、時間がかかっている業務などありませんか。

「窓口・申請対応型業務」

Ｙ：住民から住民票や印鑑証明など発行依頼を窓口で対応する業務では、そもそもシンプルな手続き業務なのですが、日々件数が多いのが特徴でしょうか。できるだけ一人当たりの対応時間を短くできないかと考えていますが、実際、内容の説明や処理時間には個人差が出ています。

Ｚ：担当者によって差が出ていることはうちの係でも起きています。当係では許認可のための審査をしていますが、書類やチェック項目が多いので時間がかかってしまうのです。チェック時間が人によって差があります。また、申請書類不備や記載内容の誤りが多く、手直し、再提出に時間がかかっています。申請者が正しく準備できるかが当業務の時間に影響しています。

「訪問、巡回、現地調査型業務」

Ｘ：必要に応じて家庭を訪問する業務では、訪問内容によって当然、時間は異なります。担当者には案件（ケース）によっては訪問せずに済ます人もいれば、

何でも自分が行かなければと考えている人もいます。

Y：私も以前に訪問が伴う係でしたが、同じ訪問目的にもかかわらず、担当者別に対応内容に差が生じていることもありました。また、担当者別に違いがあるのが報告書作成時間と出来栄えです。

X：加えて訪問業務では移動に時間がかかってしまいますが、担当者によっては受付の都度訪問せずに同じ方向の訪問先をまとめておくなどして移動時間の短縮を心がけていました。

Z：隣の係では現場の巡回や現場調査などもありますが、訪問業務と同じような課題があると思います。

人材開発係長：お話を伺っていて、業務別に対応の仕方を考えると時間創出だけでなく、受け手へのサービス品質も上がるのではないかと思いました。

Y：そうです。両方の改善ができ、いわゆる業務生産性の向上が期待できます。

「相談型業務」

X：うちは多種多様な相談に応じているのですが、内容によっては直接ではなく、ＨＰを見ていただいたり、電話で対応可能なものもあるのが現状です。

Z：うちの係でも相談業務はありますが、職員によってかける時間に違いが出ています。経験や知識の差も影響していると思います。

Y：行先がわからない市民の方は、入り口に近いうちの窓口に来るので、そのテーマによって専門部署につなぐのですが、その引継ぎがうまくいかず、時間がかかり、かなり待たせてしまう場合があります。

「イベント型業務」

Y：そもそも行う必要があるのかというイベントがあるのではないでしょうか。少なくとも私には目的やターゲットが曖昧なものがいくつかありました。

Z：イベントの中には政策目的・目標とどう整合性があるのかが理解できないものがありますね。

人材開発係長：イベントによっては長期間の準備をしたり、企画が曖昧でスケ

ジュールも大雑把だったり。また、準備漏れや作業の手戻りで不要な時間がかかったりしています。

X：毎年開催するイベントでも、実施直前はバタバタしているものがあります。段取りや手順書などが整理できていなかったり、引き継が不十分だったりするのではないでしょうか。

人材開発係長：イベントの場合、企画段階が曖昧のものが多いだけでなく、結果の評価をしていれば次に活かせると思いますが、やりっぱなしが多いのではないでしょうか。

Y：その通りですが、それができている職場は少ないのではないでしょうかね。

X：振り返りをしたくとも、次の業務が待っているので評価に割く時間がない場合や、話が出たようにイベント準備からの負荷で疲れ果てて、「やっと終わった、もう考えたくない」ということもあると思います。

Z：そういう状況でも、振り返りをしておけば来年も同じような準備や実施中での混乱が避けられるはずです。

「企画型業務」

人材開発係長：今までは行政サービス提供に関わる業務を中心に見てきましたが、その他に企画型業務や管理・指導的業務もあります。企画型業務は従来の業務では解決できないため、新たな戦略を立てることであり、新たな発想・アイデアなど創造性が求められます。

Y：企画的業務は今後、重要だと思います。しかし、多くの職員が企画的な業務に慣れていないため、何をどう進めていいかわからないまま時間が経過してしまうこともありがちです。

X：地方分権の流れで地域主体の事業展開を行うことに伴い、今までの対人援助サービス以外に企画的な業務も行っています。これまで事業企画の機会がなく、その経験もノウハウがないことも当然ありますが、でも時間がかかっています。特に、関連情報の調査に時間がかかっています。

Z：企画系の業務に慣れていないこともあると思いますが、何を調査するかに

時間をかけています。また、集めた情報の整理、まとめにも結構時間がかかっているのが現状ですね。

人材開発係長：新たな企画に取りかかる場合、他の業務もあるので投入時間に限界があるのが現状です。時間をかけられないままでの対策策定となってしまい、結果として地域の課題解決に有効で実現可能な、かつ説明責任ができる政策立案につながっていないということも企画型業務の課題です。

Y：隣の係では、事業企画にはデータが必要ということもあり、施設利用満足度調査やニーズ把握などの調査をすることになったのですが、今までアンケートやヒアリングなどやったことがないので、準備だけでもかなり時間がかかっていました。

人材開発係長：問題解決に適した対策として、関連データを集め、分析からの知見を政策につなげるための一連の活動は、既にある業務のように、ある程度決められたやり方で進める業務とは異なります。職員の多くはこの類の業務に慣れていないため、今はかなり時間がかかっています。でも時間をかけたからとしても、そこから政策策定に活かせられているかというと、そうでもないのが現状でしょう。

X：そうです。企画型業務は質が重要なので、とりあえず時間をかけることになりがちですが、やり方に工夫も必要です。

Z：情報収集で気になっているのは、とりあえず何でも関連する情報を集めているので使われない情報も多いです。本人に言わせると必要と思ったとか、万一のためとかと言うのですが、結果的に無駄な資料作成となっているように思います。

人材開発係長：企画的業務は、従来から慣れている既存業務とは異なる時間管理が必要だと思います。

Y：新たな取り組みであることで、目的だけでなく、目標（成果物）が何かの共有がないまま進めてしまい、修正が起きてしまうこともありました。また、はじめての活動が多いので、やるべきことを飛ばしたため、手戻りが起きて無駄な時間が発生しています。

X：時間がかかっているのは、やはり調査の時間とともに関係者との打ち合わせ・調整・決定にかかる時間も大きいですね。

Y：調整については、調整をすることになっている意識があるのではないでしょうか。つまり、形式的になっていると思うのです。これは会議の仕方にも関連しますが、調整の場合、集まる人が多すぎたり、資料も膨大な量を用意したりしています。

X：調整が必要なテーマもあると思いますが、事前に部門内で何も決めないまま来る部門もあり、調整前の問題もあります。

Z：私の関連したテーマでは決める方針が明確でないまま、議論ばかりしていたことがあります。そこで各部門が主張し合うだけで、最後まで結論が出なかったです。

「管理・指導型業務」

Z：施設への検査では、人によってかかる時間が異なることがありますが、その要因には検査項目が大きく、具体的なポイントが明らかになっていないことがあります。

X：過剰管理は時間的に問題ですが、放置または丸投げでは後に問題が発生し、その対応に時間がかかっています。

Z：管理は何でも、'万一'、'念のために'、になりやすいですね。

X：先方からの報告書は内容がバラバラで読むのに時間がかかりますし、内容が理解できないので電話で確認することもあり、時間がかかってしまいます。

人材開発係長：管理的業務は品質の維持や向上を目的としていますので、そこに問題が発生しないようにする、または発生した場合に解決するための対応です。その目的がズレて管理ありきになり、過剰になったり、形式的になってしまいがちです。

「会議・打ち合わせ」

人材開発係長：最後に共通する業務として、会議についてはいかがでしょうか。

Y：会議の問題としては事前準備もせず、目的意識もなく集まったり、配布された資料のボリュームが多く、読みにくかったりといったことが挙げられます。また、一方的に意見を言って意見がかみ合わないまま予定時間が終わることもあります。

X：新たな職場に異動して初めて出た会議で驚いたのは、事前に配布している資料を読みながら確認していたことです。事前に配布しているにも関わらず、読んできていないのです。同じ組織でも職場によって違うものだなと思いました。貴重な時間のはずが無駄に思わないのでしょうか。

Z：会議の議事録も重要です。隣の係が別の課の係と '言った言わない' の議論をしていました。たぶん、議事録を作成し、確認していなかったのでしょう。

X：会議を開かずともメールで済ませる内容もあれば、目的によっては参加しなくともよい場合もありませんか。決まったことをメールで報告してくれればいいのに統括係だからと全ての会議に呼ばれることもあります。

Y：時間を決めず、延々と続けている会議もあります。皆、忙しいと言いながらね。

人材開発係長：そのような会議が多ければ、会議はコストの見える化、つまり、参加者の人件費、場所代、設備・備品代を算定してみることも必要ではないでしょうか。

Z：会議で時間がかかる理由には、それぞれが勝手に話して、話がまとまらないことがあります。

X：それは目的や目標（何を決めるか）について、そもそも事前に皆で確認していなかったこともありますが、議論がスタートすると忘れてしまうこともありますね。実際、会議が今、どこまで進んできていて、これからどの方向に向かおうとしているのかが曖昧のまま進行していることもありますからね。

Z：会議中に本来の目的から横道に外れることがあります。たいてい外す人は決まっていますけど。

Y：前回決まったことをぶり返す人もいて、何度回数をかけても時間をかけてもなかなか決まらないこともあります。

Z：たまに " 私は聞いていない " とか言いだす人もいますね。

Y：事前準備がないまま参加する人もいるので、話がかみ合うまで時間がかかります。それを整理する人もいないので、話す人と沈黙の人がいる時間が続きますね。私が言いたいのは目的・目標は事前に伝わっているはずですし、関連資料は読んでくることが求められているにも関わらず、それをしないまま参加する人が多いことです。

人材開発係長：時間がかかる要因に話がズレ（脱線）ることもあります。ズレがよく起きるので、ズレを戻す人がいないと会議の本題と異なる無駄な時間が長引くこともあるようですね。

Z：細かいですが開催場所も重要ですね。事務所の隅などでは、電話で呼ばれてしまうこともあります。

（2）まとめ

人材開発係長：時間創出の余地がありそうな点について整理します。申請業務では、窓口や受付段階での不備が多く、前工程での準備レベルの影響が大きいこと。訪問業務は、職員の時間意識によって訪問時間、移動時間に差異が生じること。相談業務は、直接会わなくても済む内容や担当する職員によって相手の満足度や時間に差があること。イベントは、段取りの差が準備時間に影響していることが出ました。また、そのイベントが政策目的に適していない内容という指摘もありました。つまり、目的に適していない手段であることです。

　企画型業務では、それ自体になれていないこともあるが、情報収集に時間がかかっていること。そして、会議では、目的による実施検討や参加者を選定することなどのほか、会議の準備段階や会議進行の仕方で時間創出の可能性がありました。

3　業務タイプ別時間創出のアイデア

（1）意見交換

人材開発係長：業務タイプ別の時間創出アイデアについての意見交換に入りたいと思います。先ほどと同様に問題やそれが起きている背景から考えて、対策の方向性についてのアイデアをいただけますでしょうか。

「窓口・申請対応型業務」

Y：窓口や申請対応型業務では、前工程の方々は、はじめての方などが対象なので、求めるレベルの業務品質を明確にすることと、それを実現するための手順などを簡便にすることが重要です。

Z：それらの周知も必要ですね。

「訪問、巡回、現地調査型業務」

人材開発係長：訪問業務は訪問目的別に目標時間を設定することや、訪問計画を立て移動時間を工夫することなどが大切ですね。

X：業務によっては2名体制でなくともよいものは1名で実施することもありえます。業務別に精査は必要ですが。

Z：うちの係では、今までは2名固定でしたが、業務の中身を精査すると、作業によっては1名でも可能なものもあり、今は固定ではなく作業別に分担しています。

人材開発係長：業務を分けて、作業別に分担を決めるやり方を採用したのですね。

Y：相談業務は内容を分類し、情報提供できるものは事前にホームページなどに記載しておくこと、既に行っているQ＆A形式で記載しておくこと、そして、

直接会う件数を少なくすることなどが挙げられます。

Z：相談内容別に回答パターンを用意しておくことができれば、職員の対応力に差があっても一定の対応内容が確保できるので、クレームになることは防げるはずです。

X：業務の計画化でも話したのですが、訪問では事前の段取りが重要です。訪問に行く際にも、行く目的に基づいて相談内容に対しての資料を準備しておくだけでなく、過去の相談履歴なども目を通しておくことなどです。

「イベント型業務」

人材開発係長：イベントは政策目的に適した企画を行うなど、イベント企画を重視して絞り込むことも必要ではないでしょうか。そして、しっかりしたスケジュールを立てて準備漏れを防いだり、進捗管理を行ったりすれば、手戻りを回避できます。

Z：毎年実施するものは段取りの計画を立てておくこともしたいですね。

X：それは引き継ぎにも役立ちますね。

「企画型業務」

Y：企画では、その目的の明確化と共有が重要ですし、そもそも企画型業務は事業執行とは異なり、それを今までやっていない職員が多いので、そのための学習機会の提供も必要だと思います。

X：一般的な手法を学ぶだけではなく実践で使えるための工夫も必要です。しかし、実践で指導する管理監督者も今まで経験がない人が多いので、大きな経営課題です。

人材開発係長：今、目的の明確化と言われました。手法に振り回されないためにはその通りなのですが、われわれの業務は地域の問題解決のための新たな企画となりますので、目的より"解決すべき問題"を明らかにして、その共有を大切にすることのほうが企画型業務を進めるための拠り所となると思います。

Z：企画に関連しては、情報収集も検討も初めから時間を決めてしまい、その時間がきたら一度止めるようにしないと時間がかかりすぎます。業務・活動ごとの目標時間設定が必要な業務です。

Y：情報収集においては何を知りたいのか、何に使うかを明確にしてから取りかかることでしょう。また、調査業務でよく仮説を立ててから情報収集に入ることと言われています。目的を明確化したり、仮説を立てることで、調べる内容が絞り込まれるので効率的な調査ができるのではないでしょうか。

X：調査・データ分析などは専門性もあるので外部を活用する方法もあります。ただし、業者へ丸投げにならないように、担当者は社会調査手法などの一定知識の習得や業者と調査目的、目標をしっかりすり合わせておくことは必要ですね。

「管理・指導型業務」

Z：施設での検査など管理・指導業務も標準化が重要と思います。例えば、大きな検査項目を区分します。その上で区分ごとに何をチェックするかを明らかにし、シートに記載しておくなどです。

X：プロジェクトなど外部とともに業務をしたり、一部の業務を任せる場合は、職員の方も関連知識や業務に精通しておくことも重要です。そうすれば業者にイニシアティブをとられることもないと思います。

人材開発係長：しかし、人事異動で担当職員が変わることもありますので、やはり重要なのは業務目的・目標を実現に導くマネジメント力を持つことが重要だと思います。そこには目的・目標に向けて進捗管理を適切に行うプロジェクトマネジメント能力の強化などが必要ですね。

Y：進捗管理においては、提出の定期的レポートも進捗管理ができる内容にしておくことと、必要に応じて現場指導を行うことも必要になります。例えば抜き打ち調査なども効果的と思います。

人材開発係長：また、従来、直営でやっていた業務については、職員が管理・指導に慣れていない業務ですので、可能な限りチェックポイントをパターン

化したり、指導内容を標準化したりすることなどが効果的ではないでしょうか。

Ｚ：管理・指導では丸投げにならないように、かつ異常の早期発見・早期対応ができるようなリスク管理の発想での仕組みづくりが必要ですね。

Ｘ：予防のためにどのような業務を行う必要があるのかを決め、それをより効率的に進める仕組みづくりですね。そこに分担や標準化、必要に応じて自動化などの視点を組み込むことが重要ではないでしょうか。

Ｙ：その上でその分担や業務方法などの仕組みの徹底を図ることですね。先ほどの抜き打ち調査はその徹底度確認の1つの方法ですからね。

人材開発係長：管理的業務では、基本的にその目的を明確にして、それを効率的にできる方法を考える必要があります。それにより過剰管理や形式的管理を避けることができると思います。

「会議・打ち合わせ」

Ｘ：会議は目的・目標を明らかにし、会議（直接議論する）の必要性を確認した上で、それに合わせた参加者を選び、そして、時間を決めることに尽きると思います。

人材開発係長：参加者は会議の目的達成に必要という点で集めるべきで、関連するからとか、知っておいて欲しいとかは決まったことを後で報せることで足りる場合もあります。言いたいことは、参加者は目的達成に必要な点から集めること、つまり、役割が明確であることです。

Ｙ：それとともに集まった人はその役割を自覚して、その立場から参画することを求めるようにする必要があります。

Ｚ：参加者は会議の目的と自分の役割意識をもって参加することですね。

Ｘ：事前に資料を読んでおくことの徹底も必要です。そのためには読みやすい資料を早めに配布しておくなど参加者や事務局の事前準備が重要です。その場で資料を読んでも建設的な議論はできませんからね。

Ｚ：議論の前に有効な意見が出ません。会議の目的に適した意見を言う人は事前に資料を読み、自分の役割から考えを整理してきています。そうでない人

はその場で浮かんだ薄い意見を出しています。

Y：目標時間の設定は会議にも必要ですね。

人材開発係長：会議全体（準備から、進行、結果共有）をコーディネートする役割が必要ですし、その担当者はファシリテーションスキルを発揮できる人であることも重要です。

Z：事前準備の徹底も重要ですが、それが不十分でも、うまいファシリテーターがいれば、少なくとも短い時間で情報共有し、意見をかみ合わせながらの進行ができますから、事前準備の弱さの挽回が期待できます。

人材開発係長：残念ながら、うちの組織では"うまいファシリテーター"はほとんどいませんので、ファシリテーターを育てることも検討しますが、現状は一人ひとりが事前準備をすることを重視したほうがいいと思います。

（2）まとめ

人材開発係長：主な業務タイプ別の対策視点としては、①申請対応業務などは申請者の業務不備を防止するための仕組みの導入と徹底です。次に②訪問・巡回業務は目標時間意識を伴う計画的な業務遂行や事前準備と業務の進捗管理、そして業務体制の検討でした。そして、③相談業務について内容のパターン化で時間と質を確保すること。④イベント業務は計画化を重視すること。⑤企画業務については現状時間がかかっている調査業務も含めて目的を明確にすること。調査業務は仮説を立ててから始めることなどでした。⑥管理・指導業務は相手との目標の共有を前提にリスク管理の観点から適時適切な確認すること。そして、⑦会議についてはまず、回数の確認や参加者を選択すること、事前準備の徹底や会議進行を舵とる人の活用などが挙げられました。

Ⅳ　業務改善実践から学んだこと、
　　　次に活かすべきこと

1　実践した業務改善活動を評価する

　Ｓ自治体の人材開発係では毎年、若手、中堅職員を対象に「業務改善実践研修」を行っています。業務改善に慣れていない職員を対象とするため、小さな改善余地を対象に改善企画を立て、職場での実践を通じて成果を出す経験を重視する取り組みです。Ｓ自治体の業務改善実践研修は、業務改善企画を策定する段階とそれを職場で実施した評価の段階の2回実施しています。

　以下の内容は、「業務改善企画研修」で策定した『業務改善企画書』及び『改善活動スケジュール表』に基づいて、それぞれの受講生が職場で行った6か月間の業務改善活動についての振り返りを行った「業務改善評価研修」での意見交換の内容です。なお、評価についての研修目的は、①企画した改善内容がどこまで進んだかの確認、次に、②どうしてそのような結果となったかの振り返り、そして、③次はどうするのかを決めることです。

人材開発係長：皆さん、お久しぶりです。業務改善企画研修から6か月経ちました。本日は職場で実施した業務改善活動を振り返り、活動内容を評価したいと思います。皆さんには現段階までの『業務改善活動進捗シート』を既に作成していただいております。本日はその中の「①企画時に立てた計画通りに進んだこと。その理由はなぜか」。また、残念ながら「②計画通りにいかなかっ

たこと。それはなぜか」。そして、「③企画作成の研修、職場での改善活動を通じて何を学んだか。次に活かしたいことは何か」について書いていただいた内容をもとに意見交換をしたいと思います。

2　企画・計画段階で成果に影響すること

「廃止・削減」

人材開発係長：まず、Ｄさんは業務の一部を廃止したのですね。

Ｄ：はい。私の担当業務で一部手間のかかる作業があったので、前任者である先輩に「この作業は必要ですか？」と尋ねてみると、前からやっているとの回答でした。そこで法令等をあたりながら必要性を確認した結果、止めても問題ないことが分かったのです。１回の作業に 15 分で年間 200 回発生しますので、年間 3000 分と創出時間は小さいですけれど自分で改善を検討した実績です。

人材開発係長：業務を目的面からチェックして、不要な業務を「廃止」した例ですね。先輩の受け答えからＤさんの職場では他の業務でも目的的にチェックすれば、止めてもよい業務がありそうですね。

Ｅ：私は止められないけれどチェック項目を減らすことができました。これは６か月前の企画段階では書いていないものです。企画書に書いた業務改善内容を上司に説明していたところ、なぜ、これとこれをチェックしているのかという話になって、結局それらは今後、チェック不要となりました。

人材開発係長：自分では気づかなかった案が上司とのコミュニケーションを通じて浮かんだのですね。対策立案視点の中では、Ｅさんの取り組みは「削減」の視点ですね。

「標準化」

Ｎ：私は、ある業務の「チェックリスト」を作成しました。管理項目を洗い出し、シート化しました。このチェックリストにより業務をすれば、誰がやっても業務品質の維持が可能と考えています。そして誰がやっても一定の時間内で

業務が完了できると思います。そのシートがこれです。

人材開発係長：Nさんはなぜ、チェックリスト作成を対策にしたのですか。

N：今まで職場では先輩からの口頭指導だけでした。以前、先輩にマニュアル作成を提案したのですが、その先輩は'仕事は経験で覚える'という考え方が強く、否定されてきました。そこで今回、業務改善実践研修を理由にチェックリストを作成しました。今後はこれを後輩に引き継いでいけます。

人材開発係長：研修を理由とは？

N：お話ししましたように業務上は先輩の目もあり、チェックリスト作成はできなかったのですが、今回の研修で6か月後に成果の持参が必要ということを強調したのです。

L：作成は計画通りできたのですか。

N：はい、計画した期間内で完成しました。業務の隙間時間を有効活用したことでうまくいったと思います。

人材開発係長：業務の隙間時間自体、長い時間ではないでしょうから少ない空き時間をつなげていったということですか。

N：はい、そうです。今振り返ってみると、立てた計画で決めた目標をめざしたことがよかったのだと思います。そのために短い空き時間を有効に使いました。

D：私は改善テーマに関連する法規や書籍を通勤時間内に読みました。逆に限られた時間なので集中できて意外に効率的でした。

人材開発係長：Dさんの場合は当初の目的である時間の捻出ができましたので、業務改善の完了と言えます。さらに次の改善テーマに挑戦して欲しいと思います。一方、Nさんはチェックリストの作成が終わった段階ということなので中間目標の達成ですね。

N：はい。私の最終目標は誰がやっても同じ業務品質をめざすことです。よって、業務を引き継ぐ後輩がこのチェックリストで一定の時間内でミスなく業務を行うことを確認することが次の目標になります。

S：それができれば、人によりバラついていた業務時間や業務品質が一定になるだけでなく、スムーズな引継ぎが可能となり、以前より多くの時間が節約

できますね。

人材開発係長：よくマニュアルを作成しただけで業務改善が終了したと考えている人がいますので、Nさんの考え方は重要なことです。あくまで"問題を解決すること（最終目標）"に向けて計画を立て、進捗を確認することが大切です。

E：つまり、Nさんの業務を引き継ぐ後輩が、Nさんが作ったチェックリストを使って業務をした際にミスをしたり、時間が想定以上にかかったりした場合は、改めてチェックリストの内容が適切かどうかを確認する必要があるということですね。

D：それには本来の目的に対して、チェックリストという手段自体が適切かの確認も必要ということも含まれますね。

人材開発係長：その通りです。その考え方が業務改善におけるPDCサイクルの実践です。業務改善活動を実践しながら、そこから得た経験や情報でより良い内容にしていくことです。業務改善活動の"やりっぱなし"は、せっかくの経験を次に活かさない点で大変もったいないと思います。

「計画化」

M：私の改善案は"目標時間を意識する"ことでした。今まで時間を意識せずにその場で判断して業務を行ってきましたが、企画書作成の研修時に目標時間を意識することによる業務効率化について事例を聞き、やってみようと企画しました。具体的には、「週間業務の業務スケジュール表」の作成です。

I：どのようなスケジュール表ですか。

M：月曜日から金曜日、始業から終業までの時間を30分単位で区切って業務スケジュール表を作成しました。これは講義で学んだように、目標時間を設定した業務スケジュールを'見える化'することでした。そして、常に業務スケジュール表を見ながら時間を意識して業務にあたりました。結果、効果がありました。

人材開発係長：どのような効果ですか。

M：同じ業務でも、以前より短い時間で完了できましたし、残業時間も減りま

した。

D：何か、記録をしているのですか？

M：業務スケジュール表に実績を書き込んでいます。

L：時間を意識することは大きいのですね。でも、突発的な業務も発生したでしょ
うから、業務スケジュールはうまく使えたのですか。

M：初めは個別業務の時間意識を持とうと思ったのですが、結局、業務スケジュー
ル表のようになって使い始めました。ただし、突発業務が発生した時も、練
り上げて見える化した業務スケジュール表があるので計画化された業務と比
較をして優先順位を考えることができました。

F：それは実施中に気づいたのですか。

M：そうです。業務スケジュール表を作成することは、こういう効果があるの
だなと実感しました。

J：でも予定した時間と違う場合もあり、それが重なると業務スケジュール表
を作っても意味がなくなりませんでしたか。

M：開始した頃は予定した時間と実際に費やした時間との差が出ました。それ
らを書き出し、比較するとともに、その差が生じた理由なども考え、業務時
間の見積もりの見直しを重ねました。

S：それを繰り返したことで見積もりの精度が高くなったでしょうね。

M：はい。このアプローチは業務時間の見積もり精度を高めることに効果的だっ
たと思います。最近は見積もり時間の短縮に挑戦しています。

K：業務スケジュールを立てることで優先順位を判断できるなどは、私にとっ
ては発見ですね。

L：業務スケジュールを立てて仕事をすると上司や他部署から突然、業務依頼
が来ても業務スケジュール表を見て受けられるかを判断できますし、既に練っ
た業務スケジュール表があるので調整も可能ですね。

E：業務スケジュール表を使うことで、業務を自分自身でコントロールできる
ようですね。

M：私はまだ、コントロールしているとは言えませんが、コントロールしてい

るなと感じることがあります。

人材開発係長：業務スケジュール表があれば、上司とのコミュニケーションもそれを見ながらすることで一緒に考えることもできるのではないでしょうか。

S：それは職場全体で業務時間を調整することにつながりますね。

人材開発係長：そうです。職場全体での業務スケジュール管理ができれば、もっと業務時間を有効に活用できることになります。

M：スケジュールを利用しながら気づいた点があります。はじめは30分単位で区切ったのですが、15分単位のほうがより時間を有効に活用できるかなと思うことがあります。

D：15分単位だと業務をさらに細かく分ける必要がありますね。

M：そうですけれど、15分単位にしておくと、先にNさんの言われた隙間時間が活用できると思いました。また、突発業務に対応した後に計画していた業務に戻りやすいと思ったことも、15分単位が良いと思う理由です。

人材開発係長：確かに30分単位より15分単位にしたほうが、隙間時間が有効に使えそうですね。例えば、ノー残業デーでは意外に終業時間間際は新たな業務に取りかかれないので、不要な作業を行ったり、手待ちの時間が発生している職員を見かけます。それを考えると10分単位も良いかもしれません。

D：細かく作業計画をしておくと作業の組み換えが柔軟になってスケジュール調整がしやすくなります。つまり、業務をコントロールでき、結果的に時間を有効に活用できます。

S：業務スケジュールを立てることは業務コントロールが可能になると思いましたが、実は作られた業務スケジュール表を見ながら、状況に応じて業務スケジュール表を見直すことが業務をコントロールすることになりますね。

「整理整頓」

Q：私の案は職場内の整理整頓です。書類管理基準を決めることからしました。その上で個別に保管か、廃棄かを決め、保管するものは場所を決めるなどをしました。これが実施前と後の職場の写真です。

E：この写真は成果が一目瞭然ですね。これでかなり仕事がしやすくなったでしょうね。

Q：私の案が計画通りできたのは、まず、皆が職場の整理整頓が必要だと思っていたからです。私が提案することで上司がリーダーシップを取ってくれて実施しました。それともう1つ、職場として時間的余裕がある時期に一斉に実施することにしました。

D：職場全体で進めたということですか。

Q：はい、私の企画案をたたき台にして、皆で基準づくりなど、その準備を分担しながら詰めていきました。

N：案によっては実施のタイミングがあるということですね。

D：職場ごとに異なるとは思いますが、余裕のある時期に一気にやるという手ですね。

人材開発係長：タイミングもそうですが、Qさんの企画案が起点になったことも大きいのではないですか。案もゼロからではなく、Qさんの原案をベースに検討できたことは時間だけでなく、参加者の動機づけにもなったはずです。

Q：それは実施後、上司からも数人の同僚からも言われました。とてもうれしかったです。そして、皆が一緒に成し遂げたことで何か職場の風土が変化したような気もします。

M：それは前後写真からもわかるような気がします。結果が出たことが大きいですね。皆で達成感が得られたのでしょうね。

「他部署との連携」

C：私の案は隣の係との連携が必要なのですが、隣の係が今、忙しい時期で動けない状況です。

L：そもそも問題自体について隣の係との共有はできたのですか。

C：はい、解決したい問題は共有しています。

L：私の場合も問題は共有したのですが、私の提案内容では負担が大きいということで、相手が消極的になりました。

D：他部門が関わると難しいですね。私は自身の担当業務を対象にしたのでうまくいったのでしょうね。

Q：人材開発係長からも話があったように、今回は業務改善に慣れるために"小さくとも成果を生み出す"ことを重視する取り組みでした。よって、今回の業務改善の内容は自分の判断で対応できる対象が多くなりましたが、今後は他部門を巻き込むような改善案を実施する場合も多くなろうかと思います。その場合、自分で実施するには限界がありますので、上司を巻き込むなど工夫が必要ですね。

人材開発係長：上司、他部門ともに業務改善に巻き込むには、組織として問題の重大性（深刻性）や対策が全体最適であることを相手に理解してもらうことが求められます。よって、企画内容において提起する問題が、組織として放置できない重大（深刻）な問題であることが伝わるように描くことが求められます。

3　実施段階で成果に影響すること

「企画した改善案の改良」

F：私の場合、許認可における申請手続きにおいて、書類のミスや不備などの防止のためにマニュアル作成を企画しました。私の企画案を職場メンバーに説明した時、ミスは新規案件の方が多いので、対象を絞って具体的な対策をしたほうが効果的という意見をもらいました。確かにその通りで、慣れた業者はミスや不備はありません。そのアドバイスで作り上げた『申請手続きガイド』がこれです。試行結果は良かったのですが改良の余地はあります。職場の皆が協力してくれて感謝しています。

R：私の場合、私の企画案に反対する先輩がいて先に進みませんでした。

人材開発係長：改善意欲の高いRさんでしたので残念ですね。ただRさんの企画書を診ると、なぜ、Rさんの案が問題解決に効果的、実現性が高いのかの整理ができていないようですが、その部分は議論になりませんでしたか。

R：それは企画書を説明した時にも指摘されました。指摘の通りで企画書作成の段階で、もう少し業務の流れや現場の意見を聞く必要があると思います。

人材開発係長：企画段階の研修では、それぞれの業務についての分析を十分する時間がない中で企画書を作りましたので、実施前に必要な分析等をしておけば良いものもあると思います。EさんやFさんの場合は、上司、同僚との話し合いの中でより良い案に固めていきました。しかし、Rさんの場合は企画段階のままで提案したので、伝わらなかったこともあったのではないでしょうか。

R：問題を解決したい点は職場メンバーと共有しています。この機会に良い案を作りたいと思いますので追加分析をする予定です。

M：職場内で問題が共有されているのであれば、他のメンバーも協力してくれ

そうですね。

R：多分、協力してくれると思いますが、今回は自分にとっても改善能力向上
の機会なので自力でやるつもりです。

人材開発係長：そうですか。せっかく追加調査や分析をするのですから、その
情報を加えて、新たな企画書に再整理することを勧めます。その際は企画書
内の項目である対策案についての「期待される成果」、「費用」、「実施上の制
約と対策」も具体的に書くようにしてください。

R：前の企画書は大雑把でした。具体的に書かなければならないことを理解し
ました。

人材開発係長：そして、前回の研修でも実施したように、新たな情報から複数
の案（代替案）を立案し、それぞれのメリット・デメリットを比較する方法
があります。次回職場に提案する場合は、その代替案を説明するとともに、
それを意見交換の'たたき台'として職場内で検討してはどうでしょうか。

R：そうですね。既に職場内で説明していますし、代替案を説明したほうが次
のステップに行きやすいと思います。私だけで企画書を完成させて提案する
よりも、全体として時間も節約できそうです。

人材開発係長：研修での企画書作成とその実施を通しての経験は、これから実
施する分析や代替案づくりに活きるはずですので、以前より短い時間で代替
案が策定できると思います。Rさんの業務改善実践能力アップにも良い機会
になりますので挑戦してみてください。

「見える化」による問題共有の重要性

人材開発係長：GさんとⅠさんは、計画で予定した通りの結果にならなかったよ
うですが、その理由に思い当たることはありますか。

G：上司に説明したのですが、"何が問題なのか"がわからないと言われました。
ミスを防止したいと考えていたのですが、「ミスが起きているのはわかるが、
それで何が問題なのか？」と問われました。また、ミスは「どんなミスが何
件あるのか？」の質問にも答えられませんでした。

Ｆ：私の企画案が前進したのはミス何件だけでなく、それによって誰にどれくらいの不具合が生じているかを具体的に数量データで示したことでした。特にミスに関わる時間を算出したことで、皆が問題の大きさに気づき、忙しい中、ミス対応の時間が'ムダ'であるとか、'もったいない'という意見が出ました。

Ｉ：私の企画書では対策と原因がつながっていないと言われました。原因分析はしたのですが、その結果とは異なる対策を立ててしまったことがそのような指摘となったと思います。

人材開発係長：企画書内の各項目の間につながりがなく、聞いた人が混乱したのかもしれませんね。

Ｉ：職場で説明してみて気づいたのですが、私の案は'人まね'だったことです。以前、ＴＶで見た民間企業が実施した内容を対策案として企画書にまとめました。しかし、この対策案がうちの職場の問題をなぜ解決するのかという上司や同僚からの質問には、うまく説明できませんでした。

Ｄ：もし、原因分析からの情報を使って対策を立てておけば、職場の実態に合った対策であると説明はできましたね。

Ｉ：当時はとても良い案だと思い、自分の職場でも実施したい対策案でした。どうしてもこの対策をしたかったのです。

Ｓ：つまり、Ｉさんは"対策ありき"で企画書を作成したことになりますね。

人材開発係長：前回の研修で学んだように、"対策ありき"や"人まねの対策"は業務改善に慣れていない人に見受けられることです。しかし、企画段階では気づかないことが多いのです。

Ｉ：私が立案した対策案を実施しても効果が出なかったと思います。職場の実態を反映していないのですから。

Ｍ：Ｉさんは、重要な点に気づいたのだと思います。説明時は苦労したと思いますが、それは今後に活きる良い経験だったと思います。

人材開発係長：Ｉさんと同じような気づきをした方もおられると思いますが、このことは今回の業務改善研修での大きな成果といえる重要なことです。Ｉさんが言われたように、効果的な対策には現状・原因分析を通じた職場の実

態をベースにすることが必要であるとともに、それを踏むことで関係者と共
有できることです。つまり、効果的でない企画書作成を避けるために必要な
プロセスなのです。

D：Ⅰさんのケースは、多くの人との意見交換の大切さを示した例でもありま
すね。

C：企画段階では'手段ありき'になりやすいことは確かですね。

T：でも、Ⅰさんも単なる思いつきで民間企業の対策案に飛びついた訳ではな
いのではないですか。

U：今までの業務経験の中で何か、引っかかるものがあったと思います。

Ⅰ：はい、実はそうです。でも、なかなかうまく説明できませんでした。

V：経験は重要だと思いますが、それだけに頼ると問題解決に有効でない場合
があるということですね。

E：現状把握や分析をすれば、経験からの発想が正しいかを確認できると考え
てはどうでしょう。

Q：加えて、分析をすることで経験からだけでは気づかない"新たな発見"をす
ることも期待できます。その発見が問題解決に極めて重要な情報だったりし
ます。

F：効果的な立案も重要ですが、それを職場内で共有することも成果に影響を
及ぼす点で分析による対策は必要ですね。

人材開発係長：私が今回の研修で重要と言ったことは、今後、皆さんが地域の
問題解決へ向けて政策形成を行う時も同じです。そのために今の段階で気づ
き、共有したかったのです。皆さんもお気づきと思いますが、事業の中には、
なぜ、これが地域の問題を解決できるのか不明瞭な事業もあります。また、
その質問に答えられない担当者も実際にいます。

F：分析について皆さんに参考にして欲しいのですが、私は研修でも実施した
「原因分析³」手法を使って、できるだけ具体的に書き出しました。"なぜな

3　参照：参考資料―③

の、なぜなのと深堀りする " ことと " 漏れなく、ダブりがない " ように、改めて A3 サイズの白紙に描いて説明しました。

D：その「結果―原因のツリー図」を見ながら皆で議論したのですか。

F：はい、私が研修で作成した「結果―原因のツリー図」は粗削りでした。漏れもあり、深堀りも不十分だったのですが、職場に戻って改めて描いたツリー図から別の対策案が生まれました。先ほど説明したように、新たに生まれた対策案のほうが現実的であると皆が賛成したのです。

人材開発係長：原因の‘見える化’が議論のたたき台になり、より対策案の誕生につながったのですね。

S：見える化については、私も職場に戻ってから研修で学んだ「業務プロセス図[4]」に追加情報を加えて、業務全体の流れと問題点の‘見える化’をしました。

E：どのような業務プロセス図を作成し、それをどう活用したのですか。

S：研修でも業務のスタートから完了まで関連する部門を横断して業務の流れを描いたのですが、職場に戻り、それぞれの担当者に業務手順を聞きながら詳細版を作成しました。また、前工程の業務不良の件数や修正にかかった時間を、業務プロセス図の該当箇所に書き込みました。加えて、組織として決めた納期と前工程が提出した日を比較できるようにしました。これが改良した業務プロセス図です。

L：これを見ると業務の分担や流れに加え、どこに問題があるのかがわかりますね。

人材開発係長：全体最適な案を作るためにも業務プロセス分析は重要な現状分析の 1 つですね。

F：ここまで作成するのにかなりの時間がかかったのではないですか。

S：はい、時間はかかりましたが、研修で作成した業務プロセス図を改良したのでそれほどでもなかったです。

G：他部門との調整はご自身でされたのですか？

4　参照：参考資料―④

S：うちの係長はそもそも全庁的な改善運動にも前向きでしたし、この問題も気になっていたらしく、私が分析することに理解してくれました。前後の工程部門へも話をつけてくれたのが係長です。そして、作成は研修で描いた業務プロセス図をベースにそれぞれの担当者に聞きながら修正を加えながら完成させました。

I：作成時に工夫された点はありますか？

S：今日持参したものはパワーポイントで清書していますが、作成は研修での演習と同じように消しゴムと鉛筆で行いました。柔軟に手早くできたと思います。

E：Fさんの場合は原因分析のツリー図、Sさんの場合の業務プロセス図、ともに原因構造や業務構造を見える化したことが問題共有に効果的だったようですね。

D：加えて、職場の上司、同僚の知恵を引き出し、新たな対策案にもつなげましたね。

S：そうです。業務プロセス図は上司、同僚とディスカッションするための拠り所になりました。

人材開発係長：今までの皆さんの意見をまとめると、企画書の内容が整理されていると問題共有ができやすいということですね。さらに話し合いの中でもっと良い対策案が出てくることが期待できるということですね。では業務改善の活動スケジュール表のほうは、うまく使えましたでしょうか。

「改善活動スケジュール表の重要性」

J：私は実施中に考えていなかったことに直面して活動が停滞しました。そのあと業務が忙しくて今でもそのままです。

人材開発係長：停滞したままですか、それは残念ですね。Jさんの立てた活動スケジュールと実際の活動とに差異はありましたか？

J：そうですね。実際に直面した問題は事前に想定できたことでしたから、もし、企画段階で業務改善活動の妨げとなりそうな障害物をリスクとして洗い出し、

その対策を計画に組み込んでおけば、結果は違ったかと思います。業務改善活動におけるリスク対応とそのスケジュール化の重要性を実感しました。

K：私の場合はスケジュール表に組み込むべき活動に漏れがあり、活動の"停滞や手戻り"が起きてしまいました。

J：今振り返ってみると、企画段階で私は細かいスケジュール表など作らなくても業務改善はうまくできると思っていましたので、活動スケジュールが大雑把になってしまったと思います。

人材開発係長：皆さんの経験から良い活動スケジュールのあり方が見えてきそうです。例えば、漏れなく活動を洗い出し、活動順に整理すること。そして対策や活動に関するリスクも洗い出し、できるだけ計画に盛り込むことなどですね。

「進捗管理のためのスケジュール」

T：活動を細かく分けておくと実施中、柔軟で、機動的な取り組みができます。研修段階で作った改善活動スケジュール表の活動欄（表側）は 1 階層でしたが、私は 2 階層[5]にすることで具体的な活動を洗い出しました。

U：私はもともとプロジェクト型業務を担当していたこともあり、業務スケジュール表の作成には慣れていました。そこで業務改善を進める活動を 3 階層に区分して細かい活動を描けるスケジュール表にしておきましたので進捗管理も適切にできました。

人材開発係長：細かく描いておけば、例えば、計画より実施が遅れている場合、どのくらい遅れているかもわかりますから、その遅れを取り戻す対策も立てやすいですね。

U：そうです。そして、Nさんのように隙間時間に実施することができるので、計画より早めに活動が完了しました。

V：私も細かく活動を分けてスケジュールを立てました。私の場合は業務を細

5　参照：参考資料−⑤

かい作業レベルに落とし込んでいたので、突発的な業務や想定外なことが発生しても、その対応を行った後に業務改善活動に戻りやすいなど柔軟な対応が可能でした。

人材開発係長：JさんやKさんの業務改善活動スケジュール表に共通するのが活動欄（表側）が1階層になっている点です。例えば、Tさんのように2階層にすることで具体的な活動を考えることになります。漏れの回避ができたり、活動の順番を整理できたりするので手戻りも少なくなるのではないでしょうか。

J：はい、Tさんの業務スケジュール作成のやり方は参考になります。

K：そうですね。私も今回の経験からスケジュール作成では、具体的な活動の漏れのない洗い出しとその順番の整理をしっかり行うことの重要性が理解できました。

「実施中の軌道修正」

W：私の場合、出先機関の窓口業務のミス防止のためにマニュアルの作成と活用の案を考えて実施しました。完成したマニュアルを配布したのですが、マニュアルを見ない担当者がいるという現実に直面しました。

T：マニュアルそのものはどうでしたか。窓口担当者はマニュアルを理解したのですか。

W：ええ、作成過程で何度か読んでもらいました。そこでは特に意見が出ませんでした。

S：でも、実際の業務中に活用できるかですね。

W：そこで今、現場の監督者とも話を重ねて、マニュアルよりも窓口担当者が使いやすいチェックリスト方式のほうが良いのではないかという方向で再検討中です。

D：Wさんは既に評価を実施され、成果に向けて再検討に入っているのですね。

人材開発係長：Wさんの経験から皆さんと共有したいことがあります。それは策定した企画やスケジュール表に固執するのではなく、あくまでも問題解決

に焦点を当てて必要に応じて軌道修正することが必要だということです。実践を踏まえて、かつ現場といっしょに検討しているのですから、最適な案が期待できるのです。

「成果の定着化」

人材開発係長：Mさんは残業時間が減ったようすですが、成果は継続されていますか。

M：実は始めた月は残業が減ったのですが、翌月には戻ってしまいました。そこで業務スケジュールと目標時間を「見える化」して業務の進捗管理をすることとしました。業務スケジュール表を意識して行うようになってまた、成果は出ました。ただ、個人別にばらつきがあります。

人材開発係長：業務改善においては、頑張って活動した結果、成果は出ても定着化に対応しないと元に戻ってしまいます。例えば、マニュアル活用の定着化に向けては、活用を徹底したり、制度変更と同時にマニュアル内容を書き直すなどのマニュアルのアップデートをしないと、誰もマニュアルを使わなくなります。これは「マニュアル」というツール（手段）を活用する際に留意すべき点です。

4　業務改善活動（企画、実施、評価）を通じて学んだこと

人材開発係長：業務改善活動を通じて学んだことを聞かせてください。

N：先ほど説明しましたように、私は業務のチェックリストを作成したのですが、その作成過程で改めて業務の目的やどういう手順がやりやすいかなどを考える機会になりました。

D：今まで"業務はするものだ"という業務ありきの発想でしたが、今回の研修で学んだように、目的面から業務を診ると決して必要とはいえない業務を見つけ、廃止することができました。今後、他の業務でも目的的に確認していきたいと思います。

人材開発係長：Dさんは成功体験から業務改善の手順や手法の理解だけではなく、経験を通じて成果を出すポイントも習得されたようです。ぜひ、他の業務や難易度の高い改善に挑戦して欲しいと思います。

S：継続することは多様な業務を対象にすることになりますし、その難易度も高くなるので、そこでの結果は自信がつくとともに、業務改善スキルも向上することになりますね。

人材開発係長：そうです。気づいている方も多いと思いますが、少なくとも研修前の「事前課題」と1回目で作った「業務改善企画書」との内容の差は「業務改善企画能力」の強化を示していました。そして、実施後作成した「業務改善進捗シート」からは、実践を通じて企画段階や実施段階で重視すべき点に気づいたこと、それを行動に移した点で『業務改善実現能力』はさらに向上しています。

D：他の業務改善へ挑戦しようと考えているのは、今回の経験から多少の自信がついたことがあると思います。6か月前の研修で企画は立てましたが、実現できるかなと不安でした。しかし、結果として目標が達成できたことが自信

につながったと思います。

人材開発係長：皆さんには強化された能力を自覚して欲しいと思います。それらは個々人で異なるものですから、それぞれ今回の研修でその整理をすることをお勧めします。成果物として、事前課題、業務改善企画書、業務改善進捗シートの比較が有効です。これら3点を見比べることで、ご自身の問題解決スキルの向上が自覚できます。これも'見える化'のおかげです。また、私は個別に観察していますので、個別にどのような能力がどう高まったかを伝えることができます。確認したい方は気軽に声をかけてください。または、上司、同僚などに確認してみても良いかもしれません。

Q：今回の企画時の研修と実践で、自分の考えを筋道立てて整理することの重要性を学びました。上司に話し方がうまくなったと言われた背景にこれがあると思います。

E：業務改善のやり方や押さえるべき"ツボ・勘所"を実践経験から学びました。その結果、業務時間を有効に活用でき、今までできなかった住民へのサービスへ振り向けることも実感できました。

S：ツボや勘所は実践してみて、その重要性に気づき、必要なスキルを習得したと思います。でも、なかなか人に伝えるのは難しいと思います。

M：私が学んだことは業務スケジュールの重要性です。特に単に業務スケジュール表を作成するのではなく、目標時間意識を組み込むことで時間の有効活用ができることに気づいたことです。

K：私は業務改善活動スケジュール表の活用についての気づきです。大雑把な活動スケジュール表は書いてもあまり効果がないことも実施してみて気づきました。実際にスケジュール表は書いただけで実施中は見ていませんでした。振り返ってみると業務改善の活動スケジュール表をきちんと書いておけば業務と両立できたかもしれません。

F：自分の言いたいことを伝えるのは難しいことだと改めて実感しました。私の場合は上司が時間をとってくれて、私の考えを引き出し、整理してくれたので、上司の理解も得られました。初めから企画書にそれを書くことができ

ればよかったことに気づきました。今回の経験で要領を得ましたので、次回からはそのポイントを意識して取り組みたいと思います。

人材開発係長：皆さんは1回目の研修で作成した「業務改善企画書」の説明を通じて、より良い案に改良された経験を持ちました。先に説明したように皆さんが研修で作成した「業務改善企画書」があったからこそ、それをベースに職場メンバーの知恵や現場情報を加えて、改良案が生まれてきたのです。

S：それで成果が出たならば、職場にとって大きな影響ですね。職場として問題を解決しただけでなく、それに至る職場内のコミュニケーションや分担して行動したことも含めて職場への影響もあります。

人材開発係長：そうです。今回の業務改善で職場内のコミュニケーションや改善風土が高まるきっかけになった事例が多く見受けられました。業務改善を進めることはこのような効果も期待できます。今回は研修を通じて作成した皆さんの企画書がそれを引き起こしたのです。これは実施してみないと体験、共有できないことです。

Q：実は他の同僚から言われたのですが、私の提案と同じことを考えていたらしく、「前から思っていたが言い出すことができなかった」と言われました。

U：どうして言えなかったのですか。

Q：自信はあったそうなのですが、周り、特に先輩を説得することが難しいと考えていたそうです。

T：私も今回、業務改善企画書によって、それを整理できたことで、職場内メンバーとのコミュニケーションがかみ合いました。

人材開発係長：皆さんの新鮮な目での提案は、その業務に慣れ切っている人からは抵抗を受けるかもしれません。しかし、今日の報告からは職場の業務慣習に一石を投じることになったものもありました。

E：そうです。我々の案は粗削りだったかもしれませんが、それを伝えることが重要なことにも気づきました。

S：ただし、なるべく根拠に基づき筋道立てて、具体的な提案内容にすることも必要ですね。事前課題レベルでは無理ですね（笑い）。

人材開発係長：それを意識することは大切です。ただし、現実的に根拠を整理し、論理的に展開することも実務上は限界もあります。よって、一定の出来栄えになった時点で周りに伝えながら、その反応やアドバイスをもらって原案を磨いていくアプローチも実践で活用してください。

Q：テーマによっては根拠づくりに時間をかけるより、皆との共有から動き始めることも重要ですね。

V：研修でもやりましたが、自分の案を書いてみて、それを見せながら話してみると、自分自身でも内容の不十分さに気づきました。加えて、他のメンバーからの質問や指摘されたことが不十分な内容に気づくきっかけになるだけでなく、不十分さを磨くのに参考になりました。それを職場でも行うことですね。

T：私も同感です。それをやると企画立案の時間も短い時間で良い出来栄えになりますね。

U：確か研修では問題設定を 5 分、また原因分析を 10 分で書き出し、それぞれを 3 分で説明し、質疑応答を 2 分で行いました。しかし、それでも自分の表現が伝わらないことに気づきましたし、どう修正すれば良いかも他のメンバーの質問から見えてきました。

F：忙しい職場で改善をするには、" 人 " に聞いてもらい、意見交換をしながら内容を磨いていくアプローチは必要ですね。私はこのアプローチが有効でした。

人材開発係長：ただし、その目的を意識して原案を具体的に書き出しておかないと効果は薄いです。問題設定は放置できない深刻な問題を伝えることですし、原因分析はロジックツリーを使って、" なぜ、なぜ " という結果—原因の規則に沿って、漏れがないように具体的に洗い出しておく必要があります。

W：個人のコミュニケーションスキルで気づいたことですが、今回の改善を通じて、業務を目的的に診ることや筋道立てて話をすることの重要性は後輩を育てるときにも活かせると思いました。

S：今日の意見交換から気づいたのですが、自分の企画書の書き方やその伝え方が上司、同僚からの知恵を引き出すことにつながったこともあったと思い

ます。見える化やその内容によって、より良いものになることを実感しました。

人材開発係長：経験で得たことの中で、次の活動へ活かしたいことはありますか？

M：それは講義でも学んだことですが、実際に行って実感した２つです。１つは企画書作成の視点として、「問題の重大性（深刻性）」、「対策の実現性や実施段取り度」などで、これらが伝わるように企画内容を書くことです。２つ目は、根拠を用意することですね。今までは言いたいこと、つまり根拠がなく、主張しか書いていなかったことに気づきました。

F：私は伝える点で参考になったのは'見える化'ですね。手間はかかりますが、講義でも言われた「仕事は見えない」ので視覚化することで自分も考えを整理できますし、相手にも伝わりやすいことに気づきました。

S：私は業務プロセスを'見える化'しましたが、同僚とそれを見ながら、問題共有だけでなく、アイデアが出てきたことで、これは使えるなと思いました。

D：今回は自分の範囲内で実施したので幸い成果が出ました。しかし、他部門を巻き込むことで苦労したという他のメンバーの話を聞くと、規模が大きい改善案の難しさも学びました。

Q：私の場合は職場内でしたが、上司・同僚を巻き込み、いっしょに考え、行動すると成果も大きくなります。今回は職場の皆と同じ方向で動いたことのほうが、職場環境が良くなった以上に良かったと思います。

人材開発係長：他のメンバーも同じ気持ちではないですか。Ｑさんの場合、職場全体の成功体験ですので更なる改善につながりそうですね。そのきっかけを作ったＱさんに職場メンバーは感謝しているはずです。

M：改善を始めた段階ではすぐに成果は出たのだけれど、元に戻ってしまった経験から定着化の重要性を実感しました。職場にはいろいろな人がいるので、そこで定着させるためには工夫が必要だと思います。

「内部統制制度の基盤整備」

Q：今回、経験した業務改善の取り組みは、今、うちの課で検討している「内

部統制制度」の導入と運用に関係していることに気づきました。

人材開発係長：業務改善と内部統制制度はともに手段ですが、それを必要としている背景や目的については共通することがありますね。

Q：はい、うちの課が中心となって再来年に導入予定で動いています。

D：地方自治体が今後、内部統制制度を設計し、導入・運用していくために、業務改善の考え方、進め方、手法はその基盤づくりになるということですか。

Q：内部統制制度の運用においても、今回の業務改善活動を通じて理解したその必要性や改善スキルだけでなく、策定したルールを職場内でしっかり徹底すること、そして成果を評価し、必要に応じて適切な軌道修正が必須であることです。しかし、うちの組織では業務改善運動が形式化しているように両方とも問題がないとは言えない状態です。

F：つまり、この状態で内部統制制度を導入しても、形式的な運用になるのではないかということですか。

E：現場で徹底できもしないルールや重い仕組みなどは、機能せずに形式的になりかねないですからね。

Q：はい、制度導入とともに効果的に運用できる基盤整備も必要だという問題意識を持ちました。課内で議論を深めたいと思います。

T：基盤整備に業務改善活動を活用することができるのではないですか。

N：内部統制制度における効果的な業務ルールやリスク予防策を決めることは、業務改善経験やスキルが必要だと思います。

S：今回の業務改善で学んだ業務の見える化のツール（業務体系や業務プロセス図）なども内部統制制度で使うツールとして活用できるのではないですか。

F：確かに内部統制制度で作成するリスク評価・対応などは、そもそも業務改善の経験、スキルがあると現場が使いやすく、効果的な内容に仕上がると思います。

U：内部統制制度で使うツールなどはそれを使う人が理解し、運用する必要がありますから、できれば現場の人が作成したほうがいいですね。

S：ただし、業務改善でも経験しましたが、現場だけですと漏れや偏りがある

ので、現場が核になる部分を作り始め、それを第三者が確認することも必要でしょうね。

人材開発係長：皆さんの意見から全庁的な業務改善運動を展開する場合、内部統制制度との関係性を整理する必要性を実感しました。皆さんのご意見や問題意識を今後の検討に活かしたいと思います。ありがとうございます。

5　評価から次に活かしたいこと

人材開発係長：いろいろな経験をお話いただき、そして意見交換をすることで今後の業務改善に活かせる内容となりました。まず、本日の話を業務改善過程（企画・計画、実施）での体験から得たことの観点により整理しておきたいと思います。今回は研修という短い時間で企画書を立てて実施しましたが、それでも実施してみて成果に影響をすることが以下のとおり整理できました。

　「企画計画」段階では、①企画内容が重要であること。問題の重大性、対策の問題解決度が根拠に基づき整理されていることですね。問題解決度については改善案実施上のリスクを想定し、その対応も組み込むことで成果の実現性が高まることも重要です。そして、根拠のために情報収集や分析が必要となります。そして、②きめ細かい活動スケジュールの重要性です。特に具体的な活動を漏れなく洗い出し、その順番をしっかり組むことです。またスケジュールを組む時は日常の業務とのバランスをとることも重要です。③職場での改善活動には上司、同僚を巻き込むことが重要です。そのためには問題共有ができることです。それができれば、④対策を皆で検討することで、より良い案ができることを期待できます。よって、企画書作成には問題設定や分析をしっかりしていることが重要で、できれば可視化しておくことが効果的です。

　次に「実施」段階では、⑤実施中の進捗確認を行うことは重要ですが、企画・計画内容に固執することなく、実施中の状況に応じて軌道修正を行いながら成果をめざすことを重視します。そして、⑥成果が出たらその定着化を図ることです。

　以上が実践を通じた教訓であり、今後の業務改善活動にも活かして欲しい内容、別の言い方をすると、成果を出すには活かすべき内容です。

　最後に、今日の皆さんとの意見交換は、半年前の研修におけるそれとは格段に異なったものでした。これも自ら企画を立て、実施してみた経験から伝えたいことや聞きたいことができたことが大きいと思います。成果を生み出すための業務改善能力が向上されたとともに、業務改善に限らず、協働で展開する事業やプロジェクトのためのコミュニケーション力も強化されたと思います。皆さんは気づいていないかもしれませんが、私の観察からこの変化は大いに自信を持って欲しいと思います。皆さんが今後の職場で推進する業務改善活動に期待しております。本日はお疲れ様でした。

【実践編】

自治体職場での業務改善の考え方・進め方・手法

V 自治体では業務改善が求められている

1 時間の創出と有効活用のための業務改善

（1）求められている時間創出と有効活用のための業務改善

　地域主体のまちづくりへ向けた環境が整ったことにより、個々の自治体では地域特性、住民ニーズに応じる独自の政策形成が求められていることや、政策形成プロセスを多彩な主体との協働で行うための舵取り役など、新たな取り組みに対応するための時間が必要となります。また、ワーク・ライフ・バランス型職場づくりが展開されているように、職員が意欲を持ち能力を発揮するための職場環境づくりにも一定の時間が必要です。その時間創出と有効活用のため業務改善が求められます。

　今後の自治体に期待される役割を担うために必要な経営資源としての時間の創出とその有効活用は「事例編」からその余地は存在します。時間創出は既存の業務を目的的に診ることで廃止や削減という方向性だけではなく、ミス、クレーム、事故、不祥事などに対応する時間も時間創出の対象です。これらが未然に防止できていれば発生しない時間の大きさは計り知れません。組織として効率化が求められている中、適切な業務遂行ができていないことによって投入されている時間の大きさに気づき、共有することは極めて重要です。

（２）見逃せない組織的損失

　自治体が住民の福利向上に向けて行っている様々な業務において、様々なミスや期日遅延などによって住民に迷惑・損失を与え、住民から信頼感を失いかけている職場が見受けられます。例えば、事務処理的ミスとして、課税に関連する評価ミス、計算違い、送付宛先相違、また、証明書において異なる名前で発行してしまったことなどが挙げられます。

　こうしたミスなどの再発防止に向けて外部を活用し、対応計画を策定、公表しながら、計画的対応をしている自治体も少なくなく、自治体が住民に対する業務の品質を高める取り組みとしての業務の見直し（改善）は自治体の職場において重要な課題となっています。実際に生じている問題（ミス、事故、不祥事などを含めて）によっては、それが未然に防止できていれば被らない不具合（対応に費やす時間など）の大きさは計り知れません。

　発生したミスに関連する時間で考えられる項目を（ア）ミス自体への取り組み時間と（イ）ミスによる社会的影響に関する時間に分けて整理します。まず、（ア）については、①ミスを修正する時間、②ミスから派生したクレーム対応の時間、もし、ミスに物（例えば印刷物）が関わると、③新規物設計の時間、④新規物の配布時間、⑤不良品の廃棄のための時間がかかります。時間以外に新規物作成費用や廃棄にかかる費用が発生します。

　一方、（イ）についてはミスによって生じる不具合、被る被害が大きく、その範囲が広いなど社会的影響が大きいことから、①から⑤に加え、⑥再発防止策を検討する会議（参加者全員）の時間、⑦対策案について関係者へ説明する時間も大きくなります。そして、内容によっては外部組織へ説明する時間も発生します。⑧住民対応時間、⑨議会対応時間、⑩マスコミ対応の時間です。また、場合によっては⑪裁判などに関わる時間が挙げられます。なお、（ア）の単純なミスもその放置により、（イ）につながっていくとの指摘もありますので、（ア）

の段階での迅速、適切な再発防止が必要です。

　ミスによる組織的影響については投入した時間は見えにくいため、それぞれの作業にかけた時間について曖昧になるだけでなく、組織全体としてどれだけ時間をかけたのか、その大きさはわかりません。組織的損失の大きさを認識できないことで、ミス発生を忘れてしまうことになり、それが再発要因ともなりえると考えられます。再発防止のためにも組織的損失全体の見える化（定量・定性）による共有が重要です。

図表Ⅴ-1-1　組織的損失

（ア）ミス自体へ取り組み時間
　① ミスを修正する時間、
　② ミスから派生したクレーム対応の時間、
　　　もし、ミスに物（例えば印刷物）が関わると、
　③ 新規物設計の時間、
　④ 新規物の配布時間、
　⑤ 不良品の廃棄のための時間
　　　＊時間以外に新規物作成費用や廃棄にかかる費用が発生

（イ）ミスによる社会的影響に関する時間
　⑥ 再発防止策を検討する会議（参加者全員）の時間、
　⑦ 対策案について関係者へ説明する時間
　　　内容によっては外部組織への説明する時間として
　⑧ 住民対応時間、
　⑨ 議会対応時間、
　⑩ マスコミ対応の時間
　　　場合によっては⑪裁判などに関わる時間

2　自治体の組織・業務特性と業務改善

　公共の福利に関わる公的組織が行う業務は、公共性、公平性、合法性が求められるとともに、様々な利害関係者が意思決定に関与するため、利害関係者間の調整などに多くの時間がかかります。さらに地域主体のまちづくりにおいては求められる多元主体間の熟議による意思決定プロセスなど時間を要する業務構造をしています。公的組織にはその目標達成に向けて効果的に運営するために採用している仕組み[6]があり、その手続きを重視しすぎて時間がかかってしまうなどの特性があります。

　また、公的組織が提供する行政サービスにおいて、サービスの特性[7]が顧客満足や効率性に影響を及ぼす要因になります。例えば、対人的サービスである行政サービスの多くが労働集約的であるため、職員の資質、能力、そして意欲が成果（質）や投入時間に影響します。質の低いサービス、ミス・クレーム発生、あるいは前任者とのサービスレベルの差異発生なども受け手の満足度に影響します。また、サービスはそもそも受け手の評価に依存するので、受け手によって対応内容が異なり、結果的に満足度や提供時間に影響します。つまり、行政サービスは相手により個別対応が必要などから時間を要する業務特性があります。

　公的組織である自治体の限られた経営資源の中で住民の福利厚生を向上していくための行政サービスを提供していくには、組織・業務特性を前提にしながらも効果的・効率的な取り組みが必要ですが、公的組織がサービスを提供することから生じやすい時間的負荷を"そういうものだから"と受け入れるのではなく、回避するような取り組み（業務改善）が求められます。

6　官僚制（ビューロクラシー）の特徴として、田尾は、①命令の連鎖、②分業体制、③公式化、④業績重視、⑤非人格的手続きを挙げている（田尾、2010）。
7　サービスの特性として、コトラーは（ア）形がない（無形性）、（イ）生産と消費が同時（不可分性）、（ウ）誰が、いつサービスを提供するかで変わる（変動性）、（エ）サービスは在庫を持てない（消滅性）、（オ）サービスの創出に多くの顧客の参加が必要（顧客の参加）を挙げている。（コトラー（邦訳）、2005）

3　時間を創出して活かす対象

　創出した時間を活かす対象として、自治体経営の視点から（1）既存の業務内容の強化・充実、（2）地域主体のまちづくり、（3）組織・人材の能力開発・強化、そして、（4）人的資源の維持と確保のための職場環境整備の4点が挙げられます。

（1）既存の業務内容の強化・充実

　現在の担当業務内容を強化・充実させるための主な内容としては、①提供サービスの安定化、②提供サービス内容の充実、③地域独自の課題解決、そして④人材育成の4点が挙げられます。

　①提供サービスの安定化としては、（ア）発生した重大なミス、事故につながりやすいヒヤリハットなどを分析し、必要に応じて専門家の意見を参考に検討し、当該職場で機能する再発防止策を創り上げ、徹底するための時間。（イ）委託業務や指定管理者制度などによる業務に対する管理・監督内容を充実させるための時間などに充てることが挙げられます。

　次に②提供サービス内容の充実には、（ア）対人支援業務における相談者とのコミュニケーションの時間。（イ）高齢者支援地域包括センター機能の充実を目的として、地域の医師とトレーニングプログラムやケーススタディを作成するなど能力強化のためのノウハウ開発の時間。（ウ）施設管理業務では施設をより有効利用してもらうために、既存利用者の満足度やニーズについてのアンケートや聞き取り調査を実施する時間。（エ）例年同じ内容でマンネリ感のあるイベントをリニューアルするために関係者や参加想定者の意見を集めて分析する時間。（オ）地域防災力を高めるために自治会やNPOとの協働で事業展開をする場合の打ち合わせに向

けて、事前準備をしっかり行うための時間などに充てることなどが挙げられます。

　また、③地域独自の課題解決としては、（ア）現在進行中の地方創生総合戦略で実施している事業の効果について評価を行い、KPI（重要業績評価指標）実現を確実にするための対策策定の時間。（イ）従来、うまくいかなかったが、今回は成果が出た地域協働プロジェクトについて、組織として共有・蓄積し、今後の類似プロジェクトメンバーに参考になる成果の要因、開発された手法・ノウハウなどをまとめる時間に充てることなどが考えられます。

　そして、④人材育成には、次年度は人事異動が想定されるので長年ひとりで担当してきた業務について引継ぎ用マニュアルを作成するとともに、そのマニュアルを他の職員が使えるように OJT の準備と実施をするための時間に充てることなども挙げられます。

（2）地域主体のまちづくり

　地方分権化により自治体は、新たな役割とそれに伴う新たな事業・業務を地域独自で展開していくことになります。地域独自のまちづくりテーマとしては、少子高齢化に対応する地域づくり、既存の社会インフラの見直し、大規模災害への備えなどです。

　地方分権化における‘新たな対応’は地域特性に沿った形での導入・定着が求められます。地域住民のニーズを前提に、自ら考えながら地域独自の仕組みを設計するとともに、実施後、地域住民の福祉増進への定着化の取り組みが必要となるのです。例えば、市町村にとって、県から移譲された事業は自ら創意工夫しながら地域特性に適した展開がなければ、当該地域住民の福利向上にはつながりません。そして、住民にきめ細かいサービスが必要な事業は、自治体職員だけではなく、必要に応じて外部組織との連携、協働による仕組みづくりと運用が求められます。

　こうして既存の業務をやり続けるのではなく、既存事業の評価を行うとともに、問題を解決できる効果的・実現可能な事業立案に向けて、関連情報に加え、

現地・現場の具体的な調査・分析が今まで以上に必要となります。加えて住民とのコミュニケーション、関係者間の調整などの事前準備や実施後の定着化において必要となる時間を各職場がいかに確保するかについても重要な課題です。

（3）組織・人材の能力開発・強化

　分権型地域経営の展開が求められる自治体の各職場において、能力開発など新たな役割を担うための様々な課題が挙げられています。地方分権化により、従来の事業・業務を地域環境、住民ニーズの評価を行うとともに、地域独自の新たな事業・業務を創り上げて、その実施を通じて住民の福利向上の実現が求められます。このために新たな能力開発・強化には一定の時間が必要です。

　地域主体のまちづくりの核メンバーである職員は、従来のような既存業務（手段）を継続することや手続きや法規を重視するのではなく、地域の問題を解決することが求められます。現在、担当している業務をその目的的な観点から吟味し、より住民のためになる成果が出るように、または、短い時間でできるように、業務の見直しを通じて、そして成果を生み出す体験を通じて、実践的な問題解決能力を強化する機会が業務改善です。

（4）人的資源の維持と確保のための職場環境整備

　現在、多くの職場において、「働き方改革の推進」や「ワーク・ライフ・バランス型職場の実現」を経営課題として多彩な取り組みが行われています。ワーク・ライフ・バランスとは、人々の生活において仕事とそれ以外の部分の2つをバランスの取れた状態で両立できる状態を指します。

　仕事と育児、介護が求められる職員や地域・社会活動に関わりたい職員にとって、仕事に投入できる時間に制約のある職員が増えてきたにもかかわらず、現状の職場は時間制約がない職員像を前提とした制度などにより、仕事以外の活動に必要な時間を割くことができていません。長時間労働は過労死・過労自殺、

家庭崩壊などの現象に関連していると認識されてきており、また、業務の生産性にも影響があることも明らかになってきています。

　こうした"ワーク・ライフ・コンフリクト"の状況に対して、組織として制度導入を中心にワーク・ライフ・バランス支援が行われています。ただし、一人ひとりの職員が希望する時に、同僚に気兼ねなく制度を利用できることなども含めてワーク・ライフ・バランス型職場への環境整備が必須です。そのためには現状、職場での「業務時間の使われ方」を対象に、時間創出や時間の有効活用を図ることが求められるのです。業務改善を通じて業務時間生産性を向上させ、多様なライフスタイルや生き方を実現、受け入れる職場をめざすことが求められます。組織が提供する制度を自らが活用できる職場環境を作り出していくことが業務改善でもあります。

図V-3-1　時間を捻出（生み出）して活かす対象

① 既存の業務内容の強化
② 地域主体のまちづくり
③ 組織・人材の能力開発・強化
④ 人的資源の維持と確保のための職場環境整備

4　現状の業務改善に対する取り組み上の課題

（1）業務改善に対する取り組みの現状

1）全庁的業務改善運動

　業務効率化をねらいとして、多くの自治体では全庁的な業務改善運動（職員提案制度なども含む）が行われていますが、次のような課題が見受けられます。

　まず、基本的に業務改善活動においては、①問題設定、②問題分析、③対策立案、④実施、⑤評価という手順を踏むことを重視しています。特に業務改善企画段階では、①から③の手順を踏みながらの策定は効果的であり、実現性が高い企画案が期待できることは業務改善活動を導入する段階で職員は学んでいるはずです。しかし、そもそも業務改善活動に"慣れていない職場・職員"は実践の段階において、上記の手順を踏むことや慣れないデータ収集に負担感を持つとともに、学んだ手法を実務で使いこなせないことから、職場での業務改善活動が学んだ手順や的確な分析で行われない結果、作成された業務改善企画書は解決したい業務上の問題に対して、効果性、実現性が低い内容となってしまっています。

　また、例え、学んだ手順や手法を活用し、時間をかけてデータ収集、分析を行い、取り上げた問題の重大性、対策の効果性・実現性が第三者にも伝わる業務改善企画書を創り上げたとしても、その後の実施段階で、①他の業務に時間がとられ、業務改善活動に時間が割けないこと。②業務改善活動に対する様々な障害に直面して活動が頓挫してしまうこと。また、③適切な評価が行われないことなどによって、結果的に成果につながらない活動となってしまっている事例が見受けられます。

　さらに全庁的業務改善運動で見受けられるのが、大きな成果をめざした改善

案に挑戦することです。その場合、実施段階で直面する成果実現の障害となる多彩な要因（例えば、大きな成果を出す場合、関連部門が複数になる場合があるが、一部の部署からの協力が得られないなど）により、活動が停滞してしまうことも見受けられます。このように業務改善に慣れない職場・職員にとって、'難解で、手間のかかる方法を採用しながら、かつ、大きな成果を追及する'取り組みが行われていることが、職場での業務改善活動において成果につながらない背景にあると言えます。

　全庁的業務改善運動を担当する管理部門は全庁的統一性を重視し、個々の職場の事情を配慮しないことや業務改善運動の結果を評価するよりも、業務改善運動自体の'手続き'を重視した取り組みとなってしまう傾向があります。また、やらされ感で動機づけが弱くなることや、改善意欲はあっても、ノウハウがなかったり、組織構造・職場風土などの制約により、全体のベクトルが取れない動きの鈍い職場の業務改善環境に対して、何の支援もせず、単に掛け声と旗振り役の全庁的業務改善運動の推進部門の存在なども含めて、業務改善機会を損失してしまっていることが起きています。

　一方で、業務改善を展開する環境を整えた組織においては、改善意欲を持ち、業務時間を割いて、改善案を策定し、丁寧なプレゼンテーションの準備をしながら発表している職員、またはチームもいますが、多くの場合、それを行う職員・チームは特定されている実態や、'セレモニー化'している自治体では最近は応募自体が少なくなっているという報告は少なくありません。

2）業務改善研修

　業務改善研修への参加を通じた業務改善への取り組みについて課題を整理します。よく見受けられる業務改善研修は一般的な業務改善の手順、分析手法について学ぶ内容であり、受講生が自身の業務に応用する演習（担当業務全体を棚卸し、そこから問題を設定し、それらの分析を経て、改善案の立案、実施上のリスク対策、そして、職場での活動計画を策定する）が組み込まれていません。例え、民間企業、他自治体の成功事例を扱っての演習、それをグループワーク

方式で行ったとしても表面的な理解に留まる研修内容であり、業務改善についての'知識'は増えても、担当業務への応用は困難です。

　また、意欲があり、研修で業務改善の進め方、手法を学んだ受講生であっても、職場に戻れば研修参加中にたまってしまった業務対応に時間を割かれたり、非協力的な上司・先輩など職場内の壁により研修で習得した手法を実践につなげられていないケースもあります。こうして集合研修への参加により個々人の業務改善能力の向上はできても、職場としての業務効率化に至らないケースが見受けられます。

（2）業務改善に対する取り組み上の課題

　このように現状の全庁的業務改善運動や集合研修においては、①業務改善活動に慣れていなく、かつ、時間がないとの理由から"適切な業務改善（手順）活動ができていない"こと。②例え時間をかけたとしても"企画重視で、実施が弱い"こと。そして、③大きな成果を追及することにより、実施段階で"成果実現を阻む障害・制約"などにより活動が停滞してしまうことなどの課題から、そのねらいである業務効率化につながっていない職場は多いと言えます。

　よって、今後、自治体の各職場において求められる'新たに取り組むべき業務'への時間確保のためには、従来の取り組みを再検討する必要があります。再検討にあたっての重要な点は、現状の取り組みにおいて"成果が出ない背景"として浮かび上がっている「（ア）業務改善に慣れていない人に対して（能力）」、「（イ）教科書的な難易度の高いやり方（方法）」で、「（ウ）全庁的に統一的な取り組み（環境）」への何らかの対応が必須です。成果を出すには業務改善に慣れていない人がシンプルな方法で職場や業務に適した環境で行うアプローチが求められます。

5　業務改善に慣れていない職員・組織の特徴

（1）業務改善プロセス（過程）からみる現象

　業務改善のスタートである「企画・計画段階」では、企画内容が全体的に抽象的、曖昧で何が問題で、なぜ、改善しなければならないかが伝わってこない企画書が見受けられます。こうした企画の多くは、自身で腑に落ちていない内容となっているので、第三者に説明できない場合も多く、結果、上司・同僚に理解されないため、共感されず、組織として採用されません。

　このような企画書の特徴は、①問題が曖昧なまま、対策（手段）ありきの企画を立てることにあります。特に多くの対策（手段）が人まねであること。②問題の足元・背景を無視した企画案、つまり、問題の分析がなく自分の経験からの限定的情報や思い込みからの定性的な表現となっていること。③やりたいことだけ書いて、実施環境を考慮しないので実現性のない楽観的な内容になることなどが挙げられます。

　例えば、何かミスが起きていると対策として、「マニュアル作成」と書いてしまう例です。どのようなミス（種類）がどのくらい（件数）起きていて、その結果、誰に、どのような影響をどの程度与えているのかの記載がないのです。そして、なぜ、ミスが起きているのかの原因分析もなく、マニュアル作成と書いてあるだけでマニュアルをどのように職場内で周知・徹底していくかが考慮されていない企画内容です。

　一方、活動計画については、④大きな方向性だけの記載で、詳細な活動に落とさないこと。⑤項目が大きいため一つの活動が長期間の表現になる（ガントチャートの線の幅が長い）こと。つまり、成果までの道筋が描けていないので、どう推進していくのか不明で計画の役割を果たしていないスケジュール表です。

そして、⑥業務改善活動と日常業務の時間配分がバランスよく計画されていないので、日常業務を優先してしまうことになりかねないスケジュールとなっていることなどが挙げられます。

　次に「実施段階」での典型的な例は、問題解決でなく活動を重視することです。例えば、先述の例ではマニュアルを作成すること（適切な分析結果でマニュアルという手段が効果的・実現可能であるとした場合）で改善が完了したと考えてしまうことです。問題であるミスが減ったとか、それによって生じていたミス修正などの無駄な時間が減少したなどの評価をしないのです。

（2）慣れるということ

　（1）の例は多くの組織が直面していることです。この実態の背景は業務改善意欲があっても、正しい（成果の出る）知識・スキルがない中で取り組みをするので失敗してしまう場合が見受けられます。せっかくかけた業務改善への時間が無駄になってしまうのです。

　筆者が業務改善に慣れることの必要性を強調するのは、（1）の①〜⑥の特徴をもった抽象的で不完全な企画書であっても、こちらから直接、作成者に内容について質問をすると、持っている情報や考えていることを話し出します。その内容を整理すると、内容に筋道が通るようになり、こちらも理解できるようになるとともに、相手も伝えたいことは‘そういうことだ’と喜び、お互いに問題認識が共有できます。この協働作業において、こちらの役は相手の言いたいことを“引き出し、整理する”だけということです。当然、一回で完璧なものはできませんが、このような確認をするだけで、後は自ら主体的に進める職員が多くいます。

　このように、業務改善に慣れるためには教科書で知識を理解するだけや他の成功例に関心するだけではなく、実際に実施してみることに加えて、実施によって、何がうまくいったのか、どこにつまづいているのかに気づく必要があり、その“つまづいている箇所”を見直しながら前進していくことが有効です。その

際、慣れていない職員には第三者（上司・同僚も含めて）とのコミュニケーションが大きな支援になります。

6　職場での業務改善活動の方向性

　「事例編」における職員間の意見交換から職場には時間創出につながる余地はあり、その創出のための視点や方向性を整理しました。

　ただし、現状の業務改善の取り組みから見えたことは、既存の業務効率化の取り組みの限界を踏まえ、"職場の実態"を前提としたアプローチでの取り組みが必要であることです。既存アプローチは、①業務改善に慣れていない職員であること（能力面）。②手間のかかる手順や使い慣れない手法で進める方法であること（方法面）。③全庁的に統一性のある枠組みでの改善活動を重視している取り組み（全庁的運動）であることなどで、これらが成果に大きく影響していると言えます。

　既存の業務を実施するだけではなく、地域住民の福利厚生のために地域特性を踏まえ、住民ニーズ実現に向け、新たな取り組みが求められています。そのための時間が必要であるとともにワーク・ライフ・バランス型職場に向けた時間を生み出すことも必要であることからも、既存業務の見直しを通じて"時間の創出と有効活用"に焦点を当てた業務改善の実施が必要です。ただし、それを現状の職場で行うためには、業務改善に慣れていない職員が忙しい中でも成果を出せる既存業務を見直す取り組みが求められます。こうした現状を前提にⅥ.では自治体職場における今後の業務改善の考え方・進め方を示し、具体的なアプローチをⅦとⅧで説明します。

Ⅵ　職場主体の業務改善活動の考え方・進め方

1　今後の自治体における業務改善のねらい

（1）自治体が行う業務改善のねらい

　これから行う自治体での業務改善は、現状の業務の見直しを通じて、業務品質維持・継続のための業務基盤を構築するとともに、地域主体のまちづくりのための問題解決能力を開発・強化することをねらいとすべきです。

　つまり、①業務ミスを無くし、無駄な時間発生を回避するとともに、業務ミスが再発しない職場環境を整備することだけではなく、②業務改善を通じて創出した新たな時間を地域課題解決に向けた取り組みに活かすことです。そして、③こうした業務改善活動を通じて、地域の問題解決に貢献できる問題解決型人材が育成されることをねらいとする取り組みです。自治体職員の仕事は、「地域の問題を解決すること」です。よって、自治体職員には問題解決力が求められます。その問題解決力を開発し、強化するために、まずは身近な業務上の問題解決を通じて、問題を解決する方法を習得するとともに成果を生み出すための勘所を押さえるのです。こうして業務改善への取り組みは時間創出することだけにとどまらず、「求められている仕事をより良く仕上げる」ことにつながります。そして、本書ではこの取り組みを効果的、効率的に進めるためのアプローチを提案しています。

図表VI-1-1　自治体がめざすべき業務改善のねらい

① 業務ミスを無くし、無駄な時間発生を回避するとともに、業務ミスが再発しない職場環境が整備すること。
② 業務改善を通じて創出した新たな時間を地域課題解決に向けた取り組みに活かすこと。
③ 業務改善活動を通じて地域の問題解決に貢献できる問題解決型人材が育成されること。

【コラム：地域の課題解決人材（政策形成人材）の基盤づくりとしての業務改善】

　自治体職員に求められる政策形成能力との関係で業務改善の位置づけ[8]を整理します。下図（図表VI-1-2）は自治体職員に求められる問題解決能力を段階的に表しています。これからの自治体職員にとって発揮が期待されるのは、最上段の「④地域の問題発見・解決能力」（政策形成能力）です。その他には「①業務遂行能力」、「②業務改善能力」、「③業務管理・指導能力」が挙げられます。

　「①業務遂行能力」は配属された新たな部署、担当において、その業務の本来の目的、目標を実現できる能力です。この「業務遂行能力」の開発は前任者からの引き継ぎや業務手引書などを通じた業務経験によって習得していくことが一般的です。この能力が発揮されている状態は担当業務を主体的に行い、成果面・費用面での目標を達成していることです。（具体的には上司、先輩の支援を得ず、一定時間内で業務ミスなく、納期までに仕上げている状態です）。ただし、担当業務について既存の手順、ルールを習得することが中心となり、受け身的な取り組みにならざるをえません。

　しかし、これに甘んずることなく、引き継いだ業務そのものを見直し、より効果的、効率的に業務を遂行する能力である「②業務改善能力」が求められます。この能力は既存業務を目的的に見直す能力です。よって、目的がなければ廃止することも含まれます。必要な業務はゼロベースでその方法、分担面などから見直し、業務の３ム（ムダ、ムリ、ムラ）に気づき、その解消を通じて業務の生産性（質を高め、投入コストを下げる）を高める能力です。

　本書はこの②の強化を図る内容です。その結果は次の③へつながり、④への基盤能力の開発でもあります。「③業務管理・指導能力」は第三者に任せた業務について成果面・費用面で管理したり、必要に応じて指導する能力です。この能力は職場内における管理・監督者だけに期待されるものではなく、今後、一般職員にも必要となる能力です。その理由は外部への委託や外部との協働・連携が展開されていく中で、業務の丸投げにならないように、公的サービスの効果性、効率性の面からの管理・指導が求められるためです。この能力は改善経験をすること（特に、目的的に業務を見直す経験）の有無が大きく影響します。

　これら３つの能力は既存事業・業務を対象にした能力です。既存事業・業務は現在、認識されている地域の問題を解決するための手段です。しかし、今後、めざすまちづくりを地域が主体的に行っていくためには、今、気づいていない地域の問題についても発見し、解決していくための能力が自治体職員全員に求められています。その能力開発・強化の機会は、これまで十分ではなかったことから、地域経営課題として早急な対応が求められるのです。

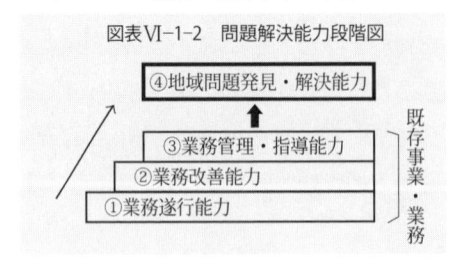

図表VI-1-2　問題解決能力段階図

④地域問題発見・解決能力

③業務管理・指導能力

②業務改善能力

①業務遂行能力

既存事業・業務

（2）時間創出についての基本的考え方

1）やみくもに時間を短くするのではないこと

　時間創出についての業務改善では、既存業務の否定や職員へのムリな業務時間削減目標の押し付けにより、時間を短くすることで生産性向上をねらった取り組みを志向してはいけません。これを進めれば結果的に業務品質に悪影響が出かねません。そうではなく、ミスやクレームへの対応、目的もなく継続されている業務、形式的な会議などへ時間が費やされることで現場職員の意欲を削ぎ、人的資源を浪費しているような業務を見直すことから時間を創出する取り組みが必要です。

2）業務（手段）ありきではなく、成果（目的）実現への業務時間を活用すること

　今まではどうしても業務ありき、活動ありきであり、業務自体や活動自体を重視した時間の使い方が見受けられました。例えば、会議をすることになっている、○○イベントをやることになっている、□□資料を作成することになっているという発想でした。そうではなく、それぞれの業務を目的的に診て、不要な会議、無駄な資料作成を止める、少なくすることから時間を創出する取り組みが必要です。つまり、業務を目的的に診て時間を使うことであり、'業務ありき'の時間活用を見直す取り組みです。

　これからは目的的にいかに時間を有効に活用するかの発想で業務に取り組みます。それは①常に目的意識を持ち、②目的・目標を明確にして、目的的に何をすべきことであるかを見極めたうえで、③目的・目標の実現に適した業務内容にする（見直し、または新たに設計する）ことであります。本来の目的実現に向けて有効に時間を活用するのです。

8　矢代（2017）

（3）時間創出の主な視点と活用の優先順位

「事例編」の職員間の意見交換を通じて、既存業務から時間を創出し、有効活用するための視点として、主に6つ挙げられました。

1つ目は「①ミス・クレームなどを発生させないことによる時間創出」です。ミスによる修正やクレームなどに対処している時間を無くすことにより時間を生み出します。

次は「②不必要な作業・動作を避けることによる時間創出」です。ミスなどは起こしていないが業務処理過程において、手戻り、重複、移動など本来、避けることができる非効率な業務により発生している時間を対象にします。

3つ目は「③業務自体をやらないことによる時間創出」です。これは形式的な会議、慣習となっている業務など、過去は別にして、今現在はやらなくても支障がない、誰も困らない業務、過剰な管理業務（集計、報告書作成）を止めることにより創出する時間です。

4つ目は「④業務内容を減らすことによる時間創出」です。③のように止められないけれど、一部減らすことにより時間を生み出すことです。会議で言えば、開催回数、参加者数、配布資料などです。基本的に業務の量的側面ですが、質・サービスレベルを落とすことも含まれます。

そして、5つ目の「⑤現状の時間をさらに短くすることによる時間創出」は①から④とは異なり、現状問題なく行われている業務に対して、今より短い時間で完了できるようにすることで時間を創出します。その方法としては業務のやり方を標準化することや担当者を変えることなどがあります。

加えて、「⑥業務を集中・分散することによる時間創出」があります。これは、業務の時期・人・場所について集中、または分散することです。

既存業務からの時間創出のための主な視点としての6つを活用する基本的な順序は、①ミス・クレーム防止を徹底することです。次に②不必要な作業・活動・動作を起こさないように業務への取り組みを見直すことです。まずは、時間創

出の余地が大きく、個々の職員が担当している業務を対象に取り組むことができる、つまり、確実に時間創出が可能な①と②を優先して取り組みます。そして、③、④の視点を意識しながら目的的にすべき業務を絞り込むことを優先します。③、④は従来すべきこととしていた業務を、改めて目的やその効果の観点で診る必要があり、業務（手段）ありきの発想から目的的発想に変化させる機会になります。③、④は目的的に業務を診ることが求められることと、廃止や削除は職場内での合意も必要となることから、①、②に比較して時間創出は難しくなりますが、①、②で実績を出すことができれば、③、④についての取り組みにつながります。

　その上で⑤、⑥の視点で業務を診て、時間創出・有効活用につなげます。①から④を行う過程で業務の実態を把握することや業務を目的的に診ることに慣れてきたことから、⑤、⑥の視点での取り組みからも効果が期待できます。従来の業務改善は慣れていないにも関わらす、⑤、⑥の視点を重視してきた面が見受けられます。なお、①から⑥の全てに当てはまるのですが、それぞれに対して取り組みの徹底、つまり対策の「定着化」が必要です。慣れていない職員や職場での業務改善では、初めは意識して取り組みを行うのですが、時間が立つと元の状態に戻ってしまうことがありますので対策の定着化の徹底を図ることが求められます。

図表Ⅵ-1-3　時間創出の主な視点と活用の優先順位

① ミス・クレームなどを発生させないことによる時間創出
② 不必要な作業・動作を避けることによる時間創出

③ 業務自体をやらないことによる時間創出
④ 業務内容を減らすことによる時間創出

⑤ 現状の時間をさらに短くすることによる時間創出
⑥ 業務を集中・分散することによる時間創出

2　職場主体の業務改善の指針

（1）業務改善に慣れていない職員が対象であるアプローチ

　業務を改善したいという意欲はあっても、業務改善に慣れていない職員にとって従来の取り組みでは成果を生み出すことは困難でした。よって、業務改善に慣れていない職員が現状の職場環境の中で担当業務とのバランスをとりながら成果を出すような「良い体験」を通じて、業務改善に慣れるとともに業務改善能力を高めていくアプローチが必要です。

（2）シンプルで時間負荷のないアプローチ

　業務改善に慣れていない職員に対して、現状を把握しながら問題を設定し、使い慣れない手法で分析し、分析結果を読み取り、対策を立案し、活動のための計画を策定し、関係者への説明を行い、その承諾をとるなど手間のかかるプロセスは適しません。また、多忙と感じている職員にとって職場の問題解決という目的であっても、業務改善活動を行うには日常業務遂行と並行して実施できるアプローチが必要です。

（3）職場単位・職場単位で行うアプローチ

　全庁統一的な取り組みでなく、職場単位での実施が効果的であり、成果実現の可能性が高まります。職場ごとに行うことで、職場の多忙度（繁閑状況）によって改善時期を選択・調整し、柔軟に展開できます。また、職場主体で行うことで全庁統一のようにやらされ感は弱まり、メンバーの目標へのベクトルが合わ

せやすいことも職場単位で行う利点です。

　こうして職場の主体的な活動を通じて成果を出すことで、業務改善活動に対して、職員・職場の業務改善能力が強化されるとともに、改善することへの自信が高まり、結果的に成果志向の組織風土への変革が期待されます。

（4）小さくとも成果を出すことを重視するアプローチ

　業務改善においては、その活動にかけた時間が報われることが重要です。ただし、業務改善に慣れていない職員が大きな成果を期待すると、既存の取り組み課題で説明したように、業務改善の落とし穴から抜け出せず、活動はしても期待した結果が出せないことになりかねません。よって、小さな成果を着実に積み上げる考え方・進め方が必要です。小さなテーマは具体的な問題であり、具体的な問題は具体的な対策につながり、成果が出やすいのです。小さくとも結果（時間創出）を確実に出し、それらを積み上げることで個人、職場に成果を還元するアプローチが重要です。

図表Ⅵ-2-1　職場主体の業務改善の活動指針

① 慣れていない人が対象であるアプローチ
② シンプルで時間負荷のないアプローチ
③ 職場単位・職場主体で行うアプローチ
④ 小さくとも成果を出すことを重視するアプローチ

3　職場主体の業務改善の進め方

（1）ステップを踏むこと

　職場での業務改善効果を着実に出し、業務改善を業務として定着させていくためにステップを踏みながら展開します。「ステップ１：業務棚卸アプローチ」では、まず、多くの業務改善の体験を通じて業務改善の基礎スキルの習得や業務改善のポイント（ツボ・勘所）の理解を図ります。ただし、業務改善に慣れていない職員であっても成果が出る「良い経験」が重要です。そのためには対象業務をできるだけ具体的にするとともに、ステップ１の核となる「時間創出余地を洗い出すこと」と洗い出した時間創出余地に適した「対策案を立案すること」のそれぞれに"効果的な視点"を活用します。これらの視点は「事例編」における職員間の意見交換で整理された実務において有効な視点です。

　業務改善は自治体の職場で職員自ら、実践し、その継続的展開が求められています。そのためには、一人ひとりの職員が業務上の改善余地を"自分で発見"し、その対策を"自分で立案"し、"自分で実践"を通じて成果を出すことが必要です。業務改善に慣れていない職員が自分で考え、実施するためには成果は小さくとも多くの業務改善の経験が必要であると考えます。ステップ１の具体的な内容はⅦで説明します。

　次の「ステップ２：問題解決プロセスアプローチ」は問題解決プロセスをしっかりと踏みながら業務改善を行います。一連の業務改善プロセスにおいては、問題の実態や多角的な分析を通じて、効果的、実現可能な対策立案を重視し、第三者に説明し、共感を得られるような客観的、具体的な対策を立案します。また、実施後の評価を行い、問題解決度の確認を通じて、次の活動につなげるアプローチです。ステップ２では対象を絞り、その分析を通じて成果の出る立案を策定

することと、実施後の評価を行い、着実な成果を追求します。ステップ２の具体的な内容はⅧで説明します。

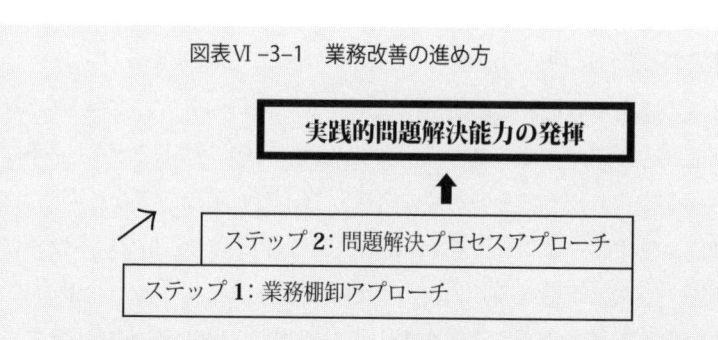

図表Ⅵ-3-1　業務改善の進め方

「ステップ１：業務棚卸アプローチ」では、まず、小さくとも成果を出し、業務改善活動の成果を享受するとともに業務改善の基礎能力の習得を図ります。次に、その体験・学習を活かして、より広く、深い問題を対象にした業務改善アプローチの習得、活用を通じて、より大きな効果実現につなげることをねらいます。

「ステップ２：問題解決プロセスアプローチ」は、ステップ１の経験を踏まえて、問題解決プロセスを踏みながら、問題の実態や多角的な分析を通じて、効果的、実現可能な対策立案を重視し、第三者に説明し、共感を得られるような客観的、具体的な対策を立案するとともに、実施後の評価を行い、問題解決度の確認を通じて次の活動につなげるアプローチです。

（2）ステップ１から始め、ステップ２に進む意味

　ステップ１では"業務改善に慣れていない職員"が、現状の職場環境で担当業務に対し、小さくとも成果実現をめざして業務改善の体験をすることを重視します。ステップ１で提案している職場単位での業務改善アプローチは、職場の実態に目を向け、業務改善の教科書にあるような基本的な手順で進めたり、細かな分析などに時間と手間をかけたりせずに、時間創出余地を洗い出し、活動を実施することを重視します。このような取り組みを通じて職員一人ひとりの主体的な活動を通じて成果を出すことで、職員の基礎的な業務改善能力向上を図ります。

　しかしながら、ステップ１のアプローチでは自分の業務を自らの経験や想いに基づき進めてしまうこともあることから、"部分最適、対処療法的な内容"にならざるをえません。また、特定の視点を使った"形から入る"取り組みのため、習得できる問題解決能力が限定的で応用力が弱いままです。

　今後の職場では地域の問題解決に向けて、自ら効果的、効率的な業務を創り上げていく必要があることから、多種多様な問題に対応できる問題解決能力の強化が求められます。そのためにステップ１での業務改善からの効果を実感した後は、多様な対象に対して深く踏み込みながら改善活動を行うための考え方、進め方、手法の習得を通じて、より地域社会、職場にとって効果的、効率的な業務内容、環境を実現することをねらいとするのがステップ２です。つまり、ステップ２のアプローチはステップ１を通じて習得した問題解決能力をさらに強化することです。

（3）ステップ２がめざす能力

　ステップ２を通じて多様な問題解決に対応する進め方、手法を習得することで策定される対策は、自らの経験や勘によるものではなく、現状・問題分析からのデータを根拠に基づく客観的な情報による内容です。よって、①部分最適でなく、全体最適な内容であること、②対処療法的でなく、本質的な内容に仕上げることが期待できるとともに、問題に対して、効果的、実現可能な対策を③第三者とも共有できる立案となります。また、実践後の進捗管理、評価を行うことで必要な軌道修正を含めて、④着実な成果につながるとともに、このPDCプロセスの実践による「良い体験」を通じて、⑤職員の業務改善能力が高まることになります。

4　職場主体の業務改善と
　　「働き方改革」、「目標管理制度」、「内部統制制度」

　Ⅳ-1 では業務改善による期待される効果として、時間創出、その時間の活用、そして、地域の問題解決に貢献する人材の開発を挙げました。職場主体で業務改善を展開することを通じた効果として、働き方改革における大きな目的であるワーク・ライフ・バランス型職場への実現、目標管理制度の形式的運用から効果的運用への転換の実現、そして今後、導入が予定されている内部統制制度の導入・運用の基盤を造り上げるなど、これらの手法・手段がめざす目的実現に貢献します。

　まず、本書が提案している業務改善は時間創出を目的としていることから時間制約型職員をはじめ、多くの職員がワーク・ライフ・バランスを実現できる職場環境整備に貢献します。ただし、個人主体では担当業務を対象とするため創出される時間が限定されます。しかし、職場全体で展開することで内部の業務目的、業務方法からの時間創出だけではなく、業務分担を柔軟に行ったり、業務スケジュール調整による業務時間平準化などから職場全体の時間創出と活用が可能となり、ワーク・ライフ・バランス型職場への実現の可能性が着実に高まることになります。

　次に、職場全体で取り組む業務改善活動により習得される問題解決スキルや強化されるコミュニケーションスキルが目標管理制度の効果的な運用に貢献します。そして、業務を目的的に診ながら、業務リスクに対応する能力の強化は、自治体で導入が求められている内部統制制度の導入・運用環境の整備にもつながるものでもあります。内部統制制度の導入における漏れのない業務リスクの洗い出しや適切なリスク対処策の立案と可視化による共有が可能となります。また、運用における決めた基準・ルールの徹底、さらに PDC サイクルを適時適

切なマネジメントの徹底に貢献することが期待されます。つまり、職場主体での業務改善は、個人・組織の問題解決能力強化に加え、職場としての事前予防の考え方により最適なルールを決めるとともに、決めたことの順守徹底など風土改革も期待でき、内部統制制度導入の背景となる問題点の発生を防止し、制度の目的を組織的に実現していくために必要な職場の基盤づくりに貢献することができます。

VII　業務棚卸アプローチ（ステップ１）

1　業務棚卸アプローチの特徴

（1）基本的考え方

　業務棚卸アプローチは、問題設定や分析に時間と手間をかけずに、実施による成果（時間創出）を重視する活動です。従来から行われている業務改善では企画段階において、①業務の棚卸、②問題設定、③現状・原因分析、④対策立案、⑤活動計画づくりという手順に沿いながら、対策に向けて問題に適した分析をすることを重視しています。それ自体は有効なアプローチですが、多忙な職場において、かつ業務改善に慣れていない職員にとっては負担が大きく、成果につながる企画の策定が困難となっているのが実態です。

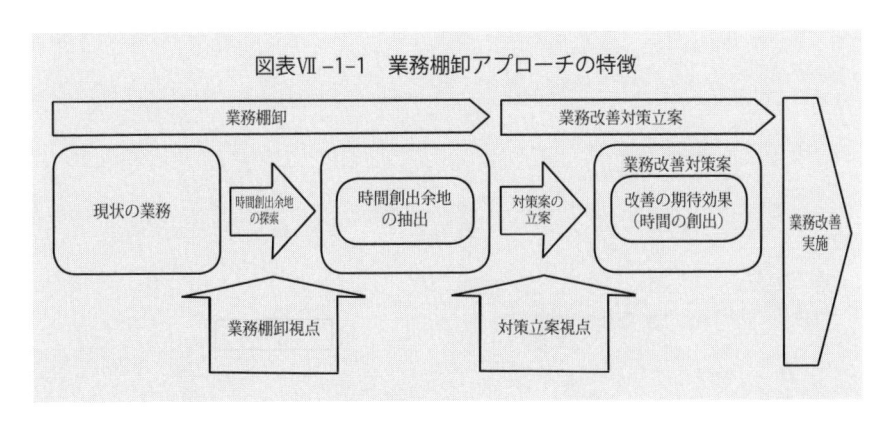

図表VII -1-1　業務棚卸アプローチの特徴

　そこで本書がステップ1として提案するのが、解決したい業務上の問題についてのデータを集め、それらを分析しながら対策を立案するのではなく、『業務棚卸視点』による問題点の洗い出しと『対策立案視点』による具体的な対策立案を容易に、かつ迅速に行いながら、"実践による成果出し"を重視する「業務棚卸アプローチ」です。（図Ⅶ-1-1）

（2）ねらい

　職場主体の業務改善のねらいは、①業務ミスを無くし、無駄な時間発生を回避するとともに、業務ミスが再発しない職場環境を整備することだけをねらうのではなく、②業務改善を通じて創出した新たな時間を地域課題解決に向けた取り組みに活かすこと。そして、③こうした業務改善活動を通じて、地域の問題解決に貢献できる問題解決型人材が育成されることをねらいとする取り組みです。

　その第1ステップである当アプローチは、業務改善に慣れていない職員が容易に、時間をかけずに、小さくとも自分の業務環境に貢献できる成果を出すことによる成功体験を通じて業務改善の重要性を理解し、今後の改善につなげる位置づけです。

2　業務棚卸アプローチの進め方

　業務棚卸アプローチは「①業務棚卸を通じた時間創出余地の探索・抽出」、「②対策視点を活用した改善立案」、そして「③改善活動の実施」の３つの手順で進めます。

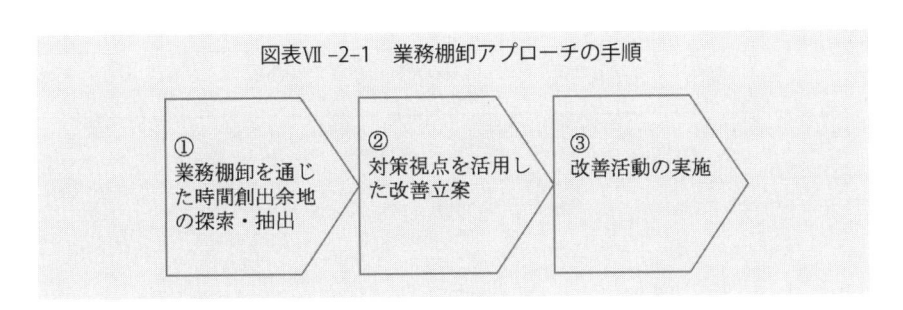

図表Ⅶ-2-1　業務棚卸アプローチの手順

（1）手順１：業務棚卸を通じた時間創出余地の探索・抽出

　まず、「①業務棚卸を通じた時間創出余地の探索・抽出」では、『業務棚卸視点（時間創出探索視点）』を使いながら、従来から行っているものを含む全ての業務について、固定観念を捨て、ゼロベースで時間創出余地を探索し、時間創出の可能性がありそうな業務・作業とそれにかけている時間を書き出します。

　業務棚卸の目的は時間創出余地の探索です。その視点は図表Ⅶ－２－２に表記されている６Ｗ１Ｈを使います。これらの視点は「事例編」の職員の意見交換による業務時間創出余地において整理された代表的な視点です。業務目的面から、「WHY: なぜ、その業務を行っているのか」、業務内容面からは「WHAT: なぜ、その内容（質・範囲）なのか」、「HOW: なぜ、そのやり方で行っているのか」、「WHEN: なぜ、その時期に行っているのか」、「With　WHO：なぜ、一連の工程

で停滞が起きてしまうのか」、業務担当者面からは、「WHO: なぜ、その人が行っているのか」、そして、業務環境面からは、「WHERE: なぜ、そこで行っているのか、そこに保管しているのか」の7つの視点です。なお、業務棚卸の際に、6W1

図表Ⅶ-2-2　業務棚卸視点（時間創出余地探索視点）

業務時間に影響する要因	業務棚卸視点と視点の意味	点検するポイント
①業務目的	WHY: なぜ、その業務を行っているのか（何のために行っているのか、やる必要性はあるのか）	この業務の目的は明らかか？ この業務で効果は出ているのか（止めたら問題が生じるのか）？
②業務内容	WHAT: なぜ、その内容（質・量・範囲）なのか （やりすぎではないか、我慢できないか）	多くないか？（枚数、頻度、回数） 過剰サービスとなっていないか？ もっと粗い内容でも問題は発生しないのではないか？
	HOW: なぜ、そのやり方で行っているのか （もっと効率的な他のやり方はないのか）	誰でもやれるようにできないか？ 判断は迷うことはないか？ 人によってやり方、判断が異なっていないか？ 例外処理のルールは決まっているか？ 処理が複雑なため手間取る業務はないか？ 容易にできるように出来ないか？ 自動化できないか？ 手書きを無くせないか？
	WHEN: なぜ、その時期に行っているのか （別の時期ではだめなのか）	もっと計画的に行えばスムーズ（手戻りや重複防止）にならないか？ 準備不足になっていないか？ 場当たり的に行っていないか？ 繁忙期ではなく、時期をずらせないか？ いっしょにできないか？ 手待ちとなっている時期はないか？
	With WHO: 一連の工程で停滞が起きてしまうのか	（前工程は）期日までに提出されているか？ （前工程は）決められた通りに処理して提出しているか？ （前工程の）不備への訂正で手間取っていないか？
③業務担当者	WHO: なぜ、その人が行っているのか （その人でなければだめなのか）	分担や責任が曖昧となっていないか？ 分担を見直すことによりスムーズに行えないか？ 臨時職員に任せられないか？ 専門家に任せたほうがよくないか？
④業務環境	WHERE：なぜ、そこで行っているのか、そこに保管しているのか （もっと生産性の上がる場所・環境はないか）	業務に適した環境になっているか？ レイアウトを変えたほうがよくないか？ 書類・資料・データはすぐ取り出せるようになっているか？ 書類・資料・データの保管場所は決まっているか？

Ｈそれぞれの視点別の点検ポイント（質問文）を活用することでより具体的な棚卸が可能となり、時間創出余地の機会が拡大します。例えば、WHY（なぜ、その業務を行っているのか）については、'この業務の目的は明らかか？'、'この業務に効果は出ているのか（止めたら問題が生じるのか）？'です。

【コラム：業務棚卸時に活用する点検ポイント（質問文）について】

　図表Ⅶ-2-2では、業務棚卸視点（６Ｗ１Ｈ）別に点検ポイント（質問文の形式）を記載しています。例えば、「WHY（なぜ、この業務を行っているのか）」という視点は、さらに２つに分けることができます。１つは「業務の目的」を診ること、もう１つは「業務の効果度」を診ることです。

　１つ目は「この業務の目的は明らかか？」の質問文になります。現状の業務の中には、本来の目的を理解しないまま業務が遂行されていることや目的に適していない業務方法となっていることなど、業務という手段が独り歩きしている事例が見受けられます。例えば、担当職員から、'従来からやっている'、'やることになっている'、または、'年間スケジュールとしてやることが決まっている'などの回答が出てくる業務が多い職場は目的面からのその必要性を棚卸します。

　２つ目は「この業務に効果は出ているのか？」の質問文です。時間はかけているが効果度の低い業務はないかの観点から棚卸します。効果度の視点からの業務棚卸としては、'念のため'、'管理過剰なチェック'や'次の活動につながらない報告（書）'、または、'いつか使うだろう報告（書）'などの業務を洗い出し、期待される効果から業務の必要性を棚卸します。

　これら２つの視点は、ともに既存の業務という手段を目的的に確認することです。業務の目的が不明確、曖昧ならば、そもそも業務が不用なのかもしれないのであるから、その業務時間を目的が明確な業務に投入したほうがより有効な時間活用となるのです。

（2）手順２・３：対策視点を活用して改善案作成

　次の「②対策視点を活用した改善立案」では、①で洗い出した時間創出余地について『対策立案視点』（図表Ⅶ-2-3）を活用して対策を立てます。目的が曖

昧であれば"止める"こと、活用されない報告項目などを"減らす"ことが対策となります。ミスを無くすために業務の"標準化"や、手戻りを無くすために業務の"計画化"などの視点を使い、具体的な対策を立てていきます。例えば、活用されていない報告項目については、既存の報告書から減らす（削る）項目を洗い出し、新たな報告書を設計することが対策になります。また、ミス防止のための業務の標準化については誰が行ってもミスが発生しない標準的な業務手順の設計と見える化（マニュアル化）が対策になります。それぞれの対策には「創出が期待される時間」を書き出します。

図表Ⅶ-2-3　対策立案視点

① 止める（廃止）
② 減らす（削減）
③ 誰でもできるようにする（標準化）
④ 簡単に処理できるようにする（容易化）
⑤ 手作業を減らす（自動化）
⑥ 計画的に処理する（計画化）
⑦ 業務の山谷をなくす（平準化）
⑧ ルールを徹底する（躾け）
⑨ 分担を変える（分担変更）
⑩ 書類などをすぐ出せるようにする（整理整頓）

『対策立案視点』は『業務棚卸視点』の６Ｗ１Ｈに連動していますので（図表Ⅶ-2-4）、業務の棚卸で活用した視点に対応した『対策立案視点』を使って対策を立てることができます。なお、『対策立案視点』は「事例編」での職員の意見交換において洗い出された「時間創出のための対策の方向性」の中で基本的であり、かつ多彩な業務においても活用度の高いものです。

　そして、このステップでは実践を重視しますので、「改善案」が作成された後は、迅速に「③改善活動の実施」に入ります。業務とのバランスをとりながら実施するために実施の順序を決める場合は、例えば、時間創出余地が大きな順や取り組みやすい対策案の順などがありますが、実践すること、そこから成果を出すことが重要ですので、自身が意欲的に実施できる順番で行うことをお勧めします。

図表Ⅶ-2-4　業務棚卸（時間創出余地探索）視点と対策立案視点の関係

	業務棚卸（時間創出余地探索）視点	対策立案視点
①業務目的	WHY: なぜ、その業務を行っているのか	止める（廃止）
②業務内容	WHAT: なぜ、その内容（質・量・範囲）なのか	減らす（削減）
	HOW: なぜ、そのやり方で行っているのか	誰でもできるようにする（標準化）、簡単に処理できるようにする（容易化）、手作業を減らす（自動化）
	WHEN: なぜ、その時期に行っているのか	計画的に処理する（計画化）業務の山谷をなくす（平準化）
	With WHO：なぜ、一連の工程で停滞が起きてしまうのか	ルールを徹底する（躾け）
③業務担当者	WHO: なぜ、その人が行っているのか	分担を変える（分担変更）
④業務環境	WHERE：なぜ、そこで行っているのか、そこに保管しているのか	書類などをすぐ出せるようにする（整理整頓）

【コラム：既存業務へ対する対策立案視点の活用アプローチ】

　「業務棚卸アプローチ」の進め方は、まず、『業務棚卸視点』を活用した業務棚卸からスタートしました。これは業務改善に慣れていない職員が担当する“既存業務”の棚卸を通じて、気づいていないであろう多くの時間創出余地を洗い出すことが基本的な目的です。このアプローチを通じて業務を診るスキルが向上されたならば、『対策立案視点』から対策立案することも場合によっては可能です。

　時間創出余地を洗い出す手順を飛ばし、既存業務に対して、直接、対策立案視点を使い、「止められないか」、「減らせないか」という点で業務改善対策案を創り出していくアプローチです。

3　職場で進める業務棚卸アプローチ

（1）職場で取り組むねらい

　業務棚卸アプローチはまず、個々の職員が担当業務について棚卸する内容ですが、当アプローチを職場全体で組織的に推進することで、より大きな効果が期待できます。

　職場リーダー、ベテラン職員を含めて全員が参画し、職場ごとの業務特性を前提に、個々人が担当業務についての日頃の問題意識（時間創出余地）を洗い出し、職場内で共有しながら、多面的に時間創出余地、時間有効利用の可能性を追求します。

　職場全体（参画者、業務、時間）での取り組みにより、①ベテランの経験だけでなく、新規採用者や異動直後の職員の新鮮な目線などを組み合わせて、時間創出余地を漏れなく洗い出すことができるとともに皆の知恵、それらの相乗効果により当該職場に適した対策作成が期待できること。②検討の対象を職場全体の業務及び時間とすることで、時間創出を多面的に行うことができること。③時間の再配分が職場全体の視点から柔軟に機動的に行えることなどから個人単位で行うより大きな効果が期待できます。

（2）基本的な進め方

　職場で行う際には次のような手順で進めます。「①部門全体の業務の洗い出し」、「②個人別捻出余地の洗い出し」までは個人で行うことと同じです。次に「③洗い出し内容の共有」を組み込みます。個人別に洗い出した内容を職場内で共有するのです。この共有を通じて、（ア）職場全体としての漏れを防ぐことと、

（イ）洗い出した内容が抽象的な場合は皆が理解できるように具体化します。職場全体で行うことはベテランの経験を活かすことが期待できることから、より具体的で漏れのない洗い出しが可能となります。

　そして、「④対策立案」です。洗い出した時間創出余地に対して対策を立てます。なお、時間創出の余地件数が多ければ組織的に優先順位を決めます。そして、「⑤実施」し、「⑥評価と継続活動」の流れになります。⑥を組織で行う場合は管理監督者が定期的に実施状況を確認することで、効果的・効率的な活動になります。

図表Ⅶ-3-1　業務棚卸アプローチを職場全体で取り組む手順

① 部門全体の業務の洗い出し
② 個人別捻出余地の洗い出し
③ 洗い出し内容の共有
④ 対策立案
⑤ 実施
⑥ 評価と継続活動

（3）管理監督者の役割

　ステップ１を職場で行う場合、管理監督者には"小さくとも多くの成果を出すこと"を重視することが求められます。管理監督者のこの姿勢が結果的に成果を生み出し、業務改善に慣れていない職員、職場に成果を生み出すためのノウハウが蓄積され、他の業務改善へつなげることになります。また、対象を小さくしていることから、例え成果が出なくとも、その経験から次はどうすると新たな取り組みも機動的、柔軟に行いやすいことを活かして継続させることがステップ１の目的である基盤整備につながります。つまり、この過程が成果を生み出すとともに、職員の問題解決能力を向上させ、職場風土も問題解決志向に変えるのです。

　職場主体で進める場合、"成果"に大きく影響するのは、管理監督者の「意欲」と「プロセスマネジメント」です。管理監督者が自身の意欲が重要であることを自覚し、本気で職場全体の業務生産性向上に向けて取り組む姿勢を前面に出

すことが必要です。管理監督者の意欲をメンバーに示すのが、企画—実施—評価という活動プロセスをマネジメント（舵取り）することであり、それができれば単なる活動で終わることはありません。

「プロセスマネジメント」における管理監督者の役割は全員を動機づけ、行動を促進することです。一人ひとりの意見・アイデアを尊重するとともに、その意見・アイデアを職場全員で磨き上げることが必要です。そのためには、企画から評価までのプロセスにおいて全員を巻き込み、それぞれの持つ知恵を活かすコミュニケーション環境を作り、運用することが効果的です。

（4）期待される追加効果

　上記のような進め方や管理監督者の関わりによって、職場として一定時間創出の他に以下の効果も期待できます。①組織能力・風土面では、職場内コミュニケーション改良、業務協力体制の構築、そして職場としての改善風土の醸成などが期待できます。また、②職員能力面では、個々の職員が目的視点で業務に取り組むことから業務スキル向上、主体性、自律性の向上が図られます。また、管理監督者は職場・業務のマネジメント力の向上が期待できます。そして、③業務基盤面として、職場内業務の属人化が解消されることから、住民に対する効果的（質の高い）、効率的（無駄のない）なサービス提供を担当者が変わっても継続できる業務基盤の構築が可能となります。

図表Ⅶ-3-2　職場全体で展開することの効用

（ア）組織能力・風土面
　・職場内コミュニケーション改良、業務協力体制の構築、そして職場としての改善風土の醸成など地域の問題解決に向けて組織能力の強化
（イ）職員能力面
　・職員の業務スキル向上、主体性・自律性の向上
　・管理監督者の職場・業務のマネジメント力の向上
（ウ）業務基盤面
　・業務の属人化の解消による住民に対する効果的、効率的なサービス提供の継続的提供

4 業務棚卸アプローチを効果的・効率的に進めるポイント

　業務棚卸アプローチを通じて、成果を出すには「①創出される時間は小さくとも、できるだけたくさんの対策案に取り組むこと」、「②全ての業務を対象に棚卸すること」、そして「③従来の固定的発想を捨て、ゼロベースで診る（棚卸）こと」、「④実施からの気づきを整理し、次に活かすこと」の4点が重要です。

　まずは、「①創出される時間は小さくとも、できるだけたくさんの対策案に取り組むこと」を意識して進めることです。ステップ1では大きな改善成果をめざすのではなく、業務改善に慣れることを重視します。慣れるために『業務棚卸視点』を使って時間創出余地を洗い出し、それに『対策立案視点』を活かして対策を立てます。ただし、業務改善に慣れていない場合、大きな成果を生み出すことは難しいので、結果を出しやすい小さな成果を対象にします。また、たくさん立案することで業務改善の効果を実感しやすくなります。

　2つ目の「②全ての業務を対象に棚卸すること」とは『業務棚卸視点』を使って棚卸する際、決め打ちでなく、担当している全ての業務を棚卸することです。そのためには担当業務を一度、洗い出し、可視化した業務体系表[9]を作成することが効果的です。業務体系表を作成することで洗い出しに漏れができることを防ぐことが可能です。また、業務体系表は階層的に業務を書き出すので、具体的な業務を対象として棚卸することも可能です。ステップ1では、成果は小さくとも時間創出余地を積み重ねることを重視しますので、例えば、業務レベルで棚卸するのでなく、作業レベルで棚卸することで小さな時間創出余地にも気づくことが期待できます。

　3つ目の「③従来の固定的発想を捨て、ゼロベースで診る（棚卸）こと」は、どうしても従来から行っている"業務ありき"で見てしまう傾向がありますので、

9　参照：参考資料 - ①

単に視点を使うという発想ではなく、固定観念を捨てることを意識することです。"何のためにやっているか"、"これはどのような役に立っている（効果がある）のか"、"止めたら、誰か困る人はいるか"、"減らしたら、どのような問題が出るか"などを1つ1つの業務について、ゼロから診ることです。それを通じて、気づいていなかった目的が明らかになることも期待できます。こうして棚卸は目的的に業務に取り組む機会を重視します。

　4つ目の「④実施からの気づきを整理し、次に活かすこと」は、手順の4番目に位置づけられることです。しかし、手順に含めない理由は、'ステップ1'は業務改善に慣れていない職員がまず、実践することを重視しているからです。しかし、この段階でも"やりっぱなし"にせずに、実施してみて、（ア）うまくいったのか、そうでないのか、（イ）なぜ、そうなったのかなどを整理しておくことで、経験から学び、次に発展させることができるのです。同じステップ1のアプローチで対象を広げていく場合に、より短い時間で期待される結果が出るだけでなく、学んだことはステップ2においても役立つことになります。

　ステップ1は業務改善に慣れていない職員が3つの手順で進めることで、小さくとも成果が出るアプローチですが、期待していた成果が出ない場合もあります。4つ目について別の言い方をすれば、そのような時に実施経験を振り返ってみて、"何を変えれば"、成果が出るのかを確認し、別の対象、または次の取り組みに活かすことなのです。あえて4つ目を入れたのは、本書の対象が、「はじめに」に記載したように、業務改善に慣れていないが担当業務の見直しをしたいという意欲のある職員であるからです。よって、例え、うまくいかなかったとしても、それから"学び、次に活かす"ことで業務改善に慣れていき、その能力が開発され、結果につながることを体験することの必要性を理解し、実践して欲しいと考えるからです。

> **図表Ⅶ-4-1　業務棚卸アプローチを効果的・効率的に進めるポイント**
> ① 創出される時間は小さくとも、できるだけたくさんの対策案に取り組むこと
> ② 全ての業務を対象に棚卸すること
> ③ 従来の固定的発想を捨て、ゼロベースで診ること
> ④ 実施からの気づきを整理し、次に活かすこと

Ⅷ　問題解決プロセスアプローチ（ステップ２）

1　問題解決プロセスアプローチの特徴

（1）基本的考え方

　問題解決プロセスアプローチ（ステップ２）では、問題解決のプロセスを重視します。問題解決プロセスをしっかりと踏みながら業務改善を行います。業務上の問題について実態を把握し、適切な分析を通じて効果的、実現可能な対策を立案するとともに、立案内容が第三者に共感を得られるような業務改善企画の策定を重視します。加えて、仮の答えである対策案が現場で効果があるか（問題を解決する適切な手段か）を確認（検証）する成果視点で評価を行い、必要に応じて軌道修正を図りながら着実に成果を追求するアプローチです。

　問題解決プロセスを重視するとは、業務改善における企画、実施、評価のプロセスを成果視点で展開しながら着実に問題解決を実現することです。その企画、実施、評価のプロセスの中で最も重視するのが企画段階です。問題を設定し、その問題の分析を通じて対策を立案し、その実現性を高めるリスク対応を組み込むとともに計画的に実施するための準備を整えるところまでが「業務改善企画」です。

（2）ねらい

　問題解決プロセスアプローチは、問題解決プロセスに沿って多様な対象に対して実態把握や分析を通じた業務改善を行いながら効果的、効率的な業務の実現とその維持をねらいとします。また、プロセスを通じた成功体験により実践的問題解決能力の強化を図ることでもあります。今後の自治体職員に求められている地域問題に対して協働を通じた解決によって、'めざすまちの姿'を実現するための問題解決型人材に必要な能力強化を図ります。

【コラム：問題解決型人材とその育成】

１）問題解決型人材とは

　地域が直面する問題は多様化、複雑化していることから、その解決に係わる人や組織は必然と多くなります。多彩な住民に加え、専門性を持った NPO、民間企業がそれぞれの役割を担い、問題解決に関わることになります。

　地域の問題を解決するためのプロセスを最適にマネジメントする人材が求められており、住民や専門家と協働し、調和させて成果を導く役割を担う人材であり、次のような行動ができる人材です。①めざす姿（目標）実現に向けて、問題・課題を見つけ出し、②解決に向けて、効果的な対策を策定するとともに、③その対策を効率的に遂行しながら、④成果（問題を解決された状態にする、または解決に向けて前進している）を生み出すプロセス（過程）を、⑤関連者を巻き込み、協働で展開していくという問題解決をマネジメントすることができることです。

図表Ⅷ-1-1　問題解決型人材の要件

①めざす姿（目標）実現に向けて、問題・課題を見つけ出し、
②解決に向けて、効果的な対策を策定するとともに、
③その対策を効率的に遂行しながら、
④成果（問題を解決し、めざす姿に前進する）を生み出すプロセス（過程）を
⑤関連者を巻き込み、協働で展開していくという
　問題解決をマネジメントすることができること

２）実践的な問題解決力の開発・強化

　問題解決型人材に求められる能力は、状況対応が求められる現場で発揮されるものです。その能力開発は、実際に問題が起きている職場という「現場」において直面している問題解決を通じて学び、習得することが効果的です。単に問題解決手法を理解したり、他人の事例をなぞる演習をしたりするだけでは実践には不十分であり、現場

での問題解決を学習プロセスとして、そこでの経験からの教訓抽出し、その教訓から、学び、次に活かすことを繰り返しながら、実務に有効な問題解決力を体得していくことが実践力開発と強化には効果的なのです。

　これはステップ１も同じ考え方ですが、ステップ１では自らの体験をもとに洗い出した時間創出余地に既にある対策視点を当てながら改善案を立案しました。業務改善に慣れていない職員が、時間をかけずに小さくとも自分の業務環境に貢献できる成果を出すことによる成功体験を通じて業務改善の重要性を理解し、今後の改善につなげるアプローチです。

　ステップ２では、さらに問題解決プロセスに沿うことで、より多種多様な問題を協働で解決するための体験を通じて実践的問題解決能力を強化することになります。この能力は、Ⅵ-１（図表Ⅵ-1-2）で紹介した問題解決能力の「業務改善能力」自体の強化に加え、結果的にその上の「業務管理・指導能力」、さらに「地域問題発見・解決能力」につながる能力です。

（3）分析の位置づけ

　業務上の問題解決には、経験や勘によるのではなく、その問題を正確に理解・認識することが必要であり、そのために適切な情報収集と分析が求められます。

　業務上の問題は現実に発生していることであり、それらに関連するデータを集めて実態を知ることができれば、そこから解決の糸口を見つけることが期待できるのです。事実を中心とした情報収集や分析は固定観念や前例踏襲的な発想を打破し、" 新しい視点や発想 " を生み出すことにつながり、それをもとに検討することで業務上の問題について抜本的な解決案の策定につながることが期待できるのです。

　また、業務改善企画においては企画内容が理解、承認される必要があり、そのためには相手が納得する根拠を示す必要があります。データを使えば、人に伝えたいことが " 伝わり " やすくなります。結果的に策定した企画に対して ' 興味が持たれ '、' 内容が理解され '、' 共感が得られ '、実施につながるとともに、業務改善活動での " 支援 " も期待できます。

（4）問題のタイプとその対応アプローチ

　問題を解決するには、まず、問題構造を明確にするために目標、現状、そして問題という要素別に整理し、問題を理解することが重要です。そうすることが適切な対策立案のために必要であるからです。適切な対策のためには問題の原因構造を明らかにして、問題を起こしている真の原因を突き止め、それを解消するための方策が有効な対策となります。例えば、納税徴収で事務ミスを起こし、住民に迷惑を与えたケースにおいて考えてみると、この場合、業務上の目標はミスがない状態であり、担当者が意識していなくとも、当業務では既に目標が存在します。現状、ミスが起きているので、目標との乖離が発生しています。よって、目標を実現するために対策活動が求められるのです。

　上記の例のような「発生している問題」は、それに気づき、原因を押さえることが問題解決のための適切な対策立案へのアプローチです。しかし、問題には「発生している問題」だけではなく、現状の事業レベルに甘んじるのではなく、利用者のために、より高い目標を設定したりする場合もあります。例えば、納期が2週間という目標に対して、現状は遅延が起きていない、つまり目標は達成している業務において、サービスを強化するために、今後は1週間で完了するというような新たな目標を設定する場合が「強化のための問題」です。従来、2週間で完

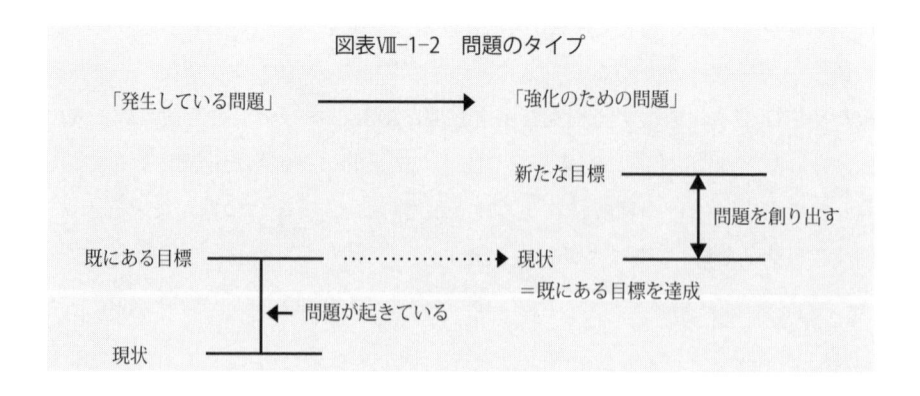

図表Ⅷ-1-2　問題のタイプ

了すればよかった業務を1週間に短縮するために対処することが求められます。この対処すべきことが‘問題を創り出す’こととなります。なお、「強化型」で留意しなければならない点は、あくまでも住民ニーズを含めた強化の必要性の吟味とともに、それに伴う追加経費の発生も考慮する必要があります。

　現状、自治体の職場に求められる業務改善は両方の種類の問題解決に対応する必要があるでしょうし、住民ニーズに基づく業務を進めるには「強化型」が求められる業務も多くなると思われます。しかしながら、現状の職場における業務改善は「事例編」の職員間の意見交換でも確認したように「発生している問題」への対処が望まれている職場が多いと思われます。まず、本来起こしてはならない問題である「発生している問題」の解決を行うことが求められます。

【コラム：問題解決における目標】

1）問題解決における目標とは

　目標とは「一定期間内に達成すべき成果」を具体的に表現したものであり、成果達成レベルの目印になるものです。目標という目印を持つことで、企画段階では現状から目標達成へ有効な業務を選択することが可能となります。また、事業・業務などの実施中・実施後も目標に対しての到達度合いが明らかになるため、実施した事業・業務が目標実現に効果があったかを確認できます。また、目標未達成の場合は、何が原因であったかを企画段階で想定した内容とも照らし合わせて振り返り、改善余地を検討することが可能となります。従って、目標達成を目指して実施した活動の効果性を検証する基準となります。

　このような企画段階、実施中、実施後の成果実現に向けて目標を活用するためには、目標をできるだけ具体的に表現することが求められます。

　具体化には「①何を（指標）」、「②どのレベルへ（水準値）」、そして「③いつまでに（期限）」の３つを組み合わせて表現します。また、具体的に表現することで将来の到達点が明確になり、その'めざす姿'を部門メンバー全員で共有できることからも、目標は成果への動機づけの役割を果たすことにもなるのです。

2）目標設定のポイント

　まず、できるだけ定量的に表現することです。目標を定量的に表現できれば実施前にどこを目指すのかが具体化され、自身だけでなく、関係者間で共有できるとともに、実施後にどこまで到達したかの変化を詳細につかめます。「正しく」や「迅速」ではなく、「〇〇ミス、０件」や「□□書類、受け付けて３日で発送」などです。ただし、定性的にしか表現できない場合は表現をできる限り具体化します。定量的に表現することが困難であっても、抽象的な表現のままでは目標としての意味を持たないので、できるだけ具体的に表現しておくことが必要です。定性的であっても１か月後、半年後、どう変化したかが比較でき、変化後が関係者（ステークホルダー）と共有できればいいのです。

　定性的であっても関係者が成果を共有できる目印であることが目標としては重要です。はじめから無理に定量にこだわるのではなく、まず、どのような状態になったらいいのかの観点から考えるのです。成果達成度を確認できる目印を持つことで、提供している事業・業務や行っている活動が効果的か否かを判断できるからです。つまり、めざす姿としての目標は数値でなくとも"変化した状態"が客観的に共有できる姿を描くことが必要なのです。

2　問題解決プロセスアプローチの進め方（PDC）

　ここでの進め方は、個々の職員が直面している、または将来直面するかもしれない問題を解決するためのプロセスとして、①企画（P）、②実施（D）、③評価（C）を説明します。企画は問題解決に効果的、実現可能な対策を立案するとともに実施計画を策定します。実施中はその進捗状況を確認し、必要に応じて活動内容の修正が求められます。そして、活動結果を評価し、教訓抽出を行い、次の活動に活かしていくプロセスで展開します。このプロセスをきめ細かく繰り返し（サイクル）ながら展開していくことで、より着実な問題解決活動となります。

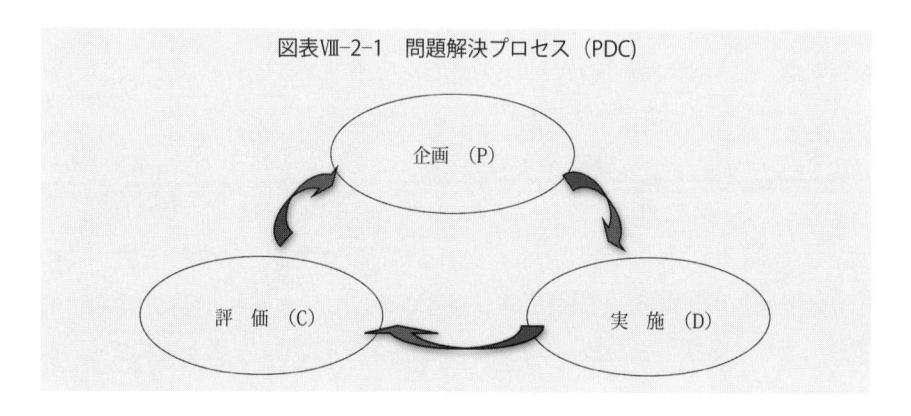

図表Ⅷ-2-1　問題解決プロセス（PDC）

（1）企画

1）企画策定の進め方

　企画策定は「①課題の設定」、「②対策の立案」、「③改善活動計画の策定」の順に進めます。順に進めていくことで、問題解決に効果的な対策が作成され、

かつ、その実現性が高まります。担当業務の問題が不明瞭のまま「②対策の立案」からスタートすることは、職場が直面する問題に対して適切な対策でなくなり、結果として問題解決に至らない場合が多く見られます。また、「③改善活動計画」が曖昧であれば、誰が、何を、どのような手段で進めていくか不明確で、活動が始まっても重複して作業したり、順序を飛ばしてしまい、逆戻りするなどの無駄な行動が起き、費用がかさむだけでなく、納期遅延も起きかねません。

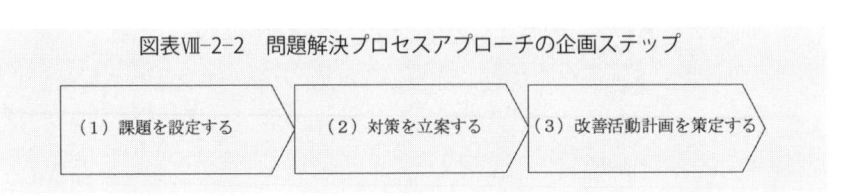

図表Ⅷ-2-2 問題解決プロセスアプローチの企画ステップ

（1）課題を設定する　　（2）対策を立案する　　（3）改善活動計画を策定する

2）企画内容の質を高める視点

　問題解決に向けて企画内容の質を充実させるために、正しい順番で進めるだけではなく、「重要度」、「問題解決度」、「実行準備度」という視点を活用します。企画内容の質とは、企画内容が（ア）問題を解決できる対策案が創り上げられていることと（イ）第三者に承認される出来栄えレベルを意味します。

　まず、「重要度」とは、解決が必要とされているかどうか、改善活動をする意味があるかどうかを確認することです。要するに解決されねばならぬほど、組織として「重要（深刻）な問題」なのかどうかを確認する視点です。また、この視点は多種多様な問題に優先順位をつけることにもなります。実際の職場は問題が山積しており、その上、日々新たに問題が発生しているのが現状です。一方で問題を解決するために活用できる資源は限られています。そのため、問題に優先順位をつけて職場として解決すべき問題を選択することで、その問題に資源を集中できるようになります。

　次の「問題解決度」は、立案した対策が問題解決に効果的、効率的、かつ実現可能な手段かどうかを確認する視点です。つまり、問題を解決できる対策であるかを診る視点です。立案内容は実施され、成果が実現されなければ意味がないので対策実施の際に障害になると想定される制約や抵抗などを洗い出し、

それぞれに対応策を立ててあるかが診るポイントです。

そして、「実行準備度」とは、対策案が期限内に成果を生み出すための体制や活動スケジュールとなっているかを診る視点です。業務改善の場合、日常業務と改善活動をバランスをとって行うことが必須であることからも日常業務とのバランスの取れた業務改善に関する活動スケジュールを立てておくことに加え、改善活動の進捗をどのように管理していくか、また、モニタリング・成果評価の仕方について準備しているかが診るポイントとなります。

　なお、これらの視点を説明する場合は自らの経験や勘などではなく、Ⅶ-1-(3)で説明したように問題の実態を根拠にした内容で組み立てることが必要です。そうすることで、より問題解決につながる対策案が立案され、第三者からの共感が得られやすくなります。

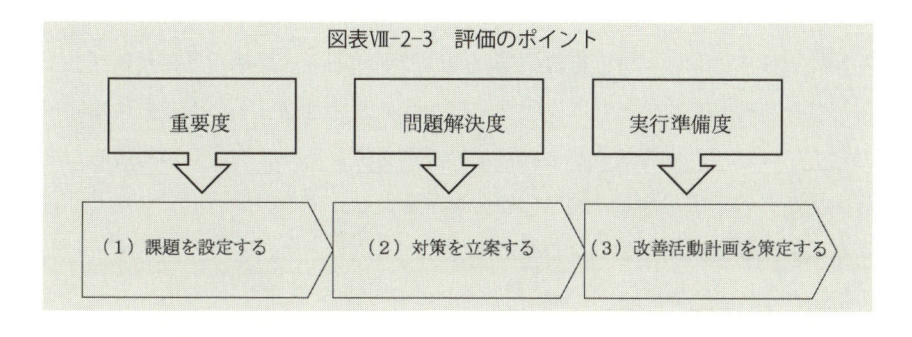

図表Ⅷ-2-3　評価のポイント

（2）改善活動実施

1）実施中の評価の考え方

　実施中に評価をしなければ、成果と異なる方向に進んでいてもわからないので効果のない活動を継続してしまうことになりかねません。

　実施中の評価は、活動実施後にどのくらい問題が解決されたか、目標に対する到達点を確認します。重要なのは結果だけではありません。そこに至った要因を明らかにして次の打ち手を立てます。目標が未達成であれば、その原因を究明し今後の取り組み案を立てます。目標が達成されたとしても新たなる問題

は無いか、さらなる改善が可能でないか、他に解決できる問題は無いのかなど様々に検討します。

2）活動結果評価の進め方

　評価は、「①到達点の確認する」、「②原因を分析する」、「③教訓を抽出する」、「④次の打ち手を設定する」の順に進めます。

　①到達点（目標達成度）の確認では、目標に対しての結果段階での到達点を客観的・具体的に測定します。目標設定で活用した指標を使い、現段階の水準を把握します。次の②原因分析では、①の到達点、すなわち結果に至った原因を分析します。目標未達成の場合だけでなく達成した場合もその理由や背景を整理しておきます。特に成功の理由、背景を理解しておくことは、今後、継続的な業務改善に活きてきます。

　③教訓抽出においては、目標実現に向けて活動してきた過程を振り返り、学んだ点を整理します。そして、④次の打ち手の設定とは、③の中でも目標実現のためには必ず克服しなければならない課題を絞り込み、次期での対策として設定するものです。なお、例え目標を達成したとしても、終着点ではなく、さらなる住民満足度向上やムダな時間削減という次のステップへのスタートとして常により良い状態をめざす継続的改善へつなげます。

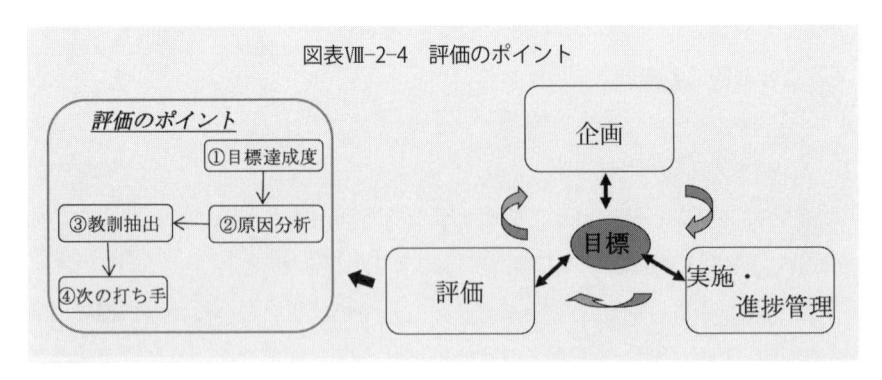

図表Ⅷ-2-4　評価のポイント

　本書では業務改善に慣れるために、小さくとも成果を着実に出すためのポイントを押さえることを重視しています。やりっぱなしではなく、実施を通じた

学びをいかに次に活かすかが重要となります。よって、例え、目標通りに行か
なくとも、それを失敗ととらえ、諦めるのではなく、その原因から学び取り、
次の活動に活かすことが問題を解決していくアプローチなのです。そして、そ
の繰り返しの中で状況に対応しながら、問題を解決する能力が高められていき
ます。例え、目標通りの結果に至らずとも、その理由を明らかにすることで、
次は成功する確率が高まるこのアプローチをステップ２の段階で実践して欲し
いと思います。

3　企画案策定のステップ・手順（発生型問題）

　以下では発生型問題における企画策定の手順を説明します。問題タイプの中で「発生型問題」を対象にする理由は、基本的に３つあります。１つは本書の主旨である業務改善に慣れていない職員に小さくとも成功体験をしてもらうための対象として、目の前で発生している問題が問題設定がしやすいこと。次に、発生型にはそれを起こした原因があり、その原因から立てられる対策は効果的であり、対策理由も職場内に理解されやすく、実現可能性が高くなること。そして、３つ目は発生型は本来起きてはならない問題が起きていることであり、職場として優先的な対象であることです。

　企画案策定には「（１）課題を設定する」、「（２）対策を立案する」、「（３）改善活動計画を策定する」の３つの基本ステップとそれを構成する６つの具体的な手順があります。このような手順を経ることで、その対策案が問題解決の手段として効果的であるということを根拠（理由）に基づいて説明することが可能となります。

図表Ⅷ-3-1　企画案策定のステップ・手順（発生型問題）

（１）課題を設定する	（２）対策を立案する	（３）改善活動計画を策定する
①問題を構造化（見える化）する ②問題の原因を分析する	③対策内容を決める ④対策案を評価する	⑤活動推進体制を構築する ⑥活動スケジュールを策定する

（1）課題を設定する

問題を提起し、問題の分析を通じて課題を設定します。

①問題を構造化（見える化）する

問題設定では問題構造（フレーム）を利用し、問題を（ア）目標（めざす姿）に対して、（イ）現状を具体的に把握し、２つの差異から生じている（ウ）不具合を具体的に表現します。問題を構造的に見える化することにより、参画メンバー間で目標としての、'めざす姿'、または、'あるべき姿'に対して、現在、発生している「問題は何か」や「問題の重大さ、深刻さ」の共有を図ります。深刻さを共有するために各項目は具体的、定量的な表現が求められます。

②問題の原因を分析する

問題が起きている現場、業務などの現状・実態を事実ベースで分析します。現在、問題が発生している場合（発生型問題）、発生させている原因を突き止めることで効果的な対策を立案するためのヒントを得ることになります。問題を起こしている原因を解消すれば、結果として問題が解決するという考え方です。従って、発生型問題はその原因を深く探り出し、それを具体的に表現[10]していきます。

課題は問題を分析することを通じて設定しますが、この課題設定が問題と対策をつなぐこととなります。課題とは問題を解決するための「対象とその変化の方向性」であり、課題が明確になることで、具体的な対策が設定できます。例えば、申請書の書類不備への防止策が必要なケースを考えてみます。原因分析をした結果、不備が起きている原因として「様式が複雑」が浮かび上がったとします。「様式の簡易化」を課題として設定します。

10　参照：参考資料 - ③

（2）対策を立案する

対策立案では課題に対して、効果的で実現可能な対策を立案します。

③対策内容を決める

明らかになった問題の現状や発生原因をもとに対策を立案します。発生型問題の場合は、②で紐解いた原因を解消できるような対策案を立てます。なお、ミスやヒヤリハットなどはその種類別の発生原因を洗い出します。ミスの種類別に発生原因を特定することは問題解決に効果が期待できるからです。

このような原因分析からの情報で対策案を立てることで、立案された対策が問題解決の手段として効果的であるという根拠（理由）について、きちんと筋が通った説明ができ、聴き手に対して説得力を持ちます。

④対策案を評価する

対策案を「成果対費用」や「実現性」で評価し、対策を決定します。評価をするためには、立案した対策案についての「(a) 成果レベル」、「(b) 費用見積り」、「(c) 実現レベル」について整理します。

「(a) 成果レベル」は、対策実施により期待される問題解決度（レベル）です。例えば、解決したい問題がミス対応にかかっている時間の削減であれば、ミスの減少により創出できる時間が成果レベルになります。この成果レベルは可能な限り定量的にすることが対策の具体的な成果把握・共有につながり、それができれば自身・他のメンバーを動機づけることになります。

「(b) 費用見積り」は、対策案の実施に伴い発生する費用の見積もりです。活動時間から算定される人件費や購入する道具、材料費なども含めます。ただし、対策案は実現性が重要です。いかに成果対費用に問題がなくとも、対策案が実現できない〝絵に描いた餅〟では意味がありません。そこで「実現性」の観点から対策案を評価することが重要になります。

「(c) 実現レベル」は、対策を実施する際に、リスクと想定される障害や制約などの洗い出し、および、それらへの対処方法です。対策案は職場にとって新たな取り組みになります。直面している問題を解決するためには、例えば、今までの方法を変える必要があり、そこで考えられた案（新たな方法）を立案したのですから、従来経験していない方法にこれから取り組むことになります。そして、その取り組みの効果が大きければ大きいほど、実現への障害が立ちはだかるものです。新たな取り組みに抵抗する人が出ることもありますし、既存の制度や法令などに抵触する可能性もあります。また、他部署を巻き込む必要がある場合は、その連携如何が成果に大きく影響します。よって、いかに効果がある対策案であっても、実施段階での様々な障害が成果実現を困難にしかねないのです。つまり、立案した対策は新しい取り組みであり、その実施は不確実性が高く、結果的に失敗しやすいのです。よって、失敗を回避するための方法として、実施段階で想定される障害や制約をできるだけ洗い出し、その対応策をも検討しておく必要があるのです。なお、対応方法としては、リスクの発生確率やその影響度によって、洗い出したリスクに対して、（ア）事前に対応策を実施すること、（イ）発生した時の対応策を立てておくことなどがあります。

　なお、「実現性」を高めるためには、想定されるリスクを洗い出し、その対処をすることです。業務改善に慣れていない職員・職場では、このリスク対応への取り組みが弱い傾向があります。例えば、本来、事前に想定し、検討できたリスクを洗い出すことをしなかったため、実施段階で壁に直面してしまうことなどです。当人からすれば、実施段階で直面した障害を“想定外”と考えてしまうことでも、実は事前に想定でき、その対応をしておくことが可能なことがあります。こうした対応にも慣れていくことが成果実現へのカギなのです。

（3）改善活動計画を策定する

　選定された対策案を実行するために活動推進体制と活動スケジュールを策定します。

⑤活動推進体制を構築する

推進体制の構築では成果を出すために最適なメンバー構成と、それぞれの役割や責任の所在の明確化が重要です。これらを明らかにすることはメンバーの役割意識や責任感を高めます。

⑥活動スケジュールを策定する

活動スケジュールを策定する場合は、まず、対策案を実施するための具体的活動項目を洗い出します。そして、活動項目の投入時間を見積もり、期間内で完了できるように時系列に並べます。なお、活動項目毎に担当者を決めます。活動スケジュールを策定することで目標達成への道筋が明らかになるので活動が効果的、効率的になります。また、事前に通常業務と問題解決活動とのバランスを図ることで、ムリなく業務改善活動の時間を確保することができるため、成果実現の可能性が高まります

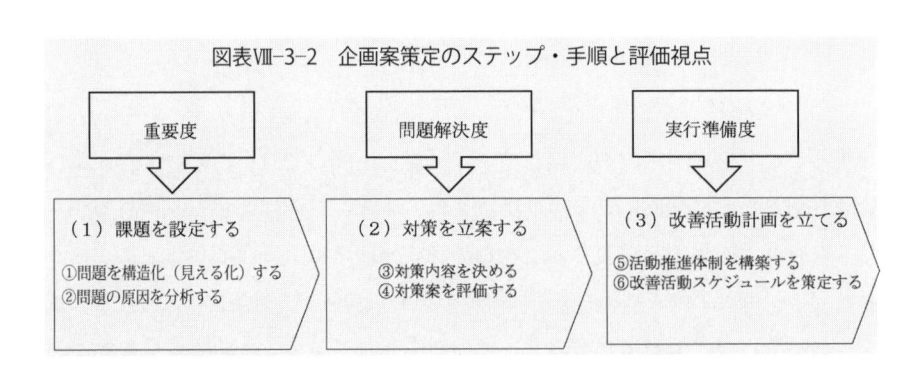

図表Ⅷ-3-2　企画案策定のステップ・手順と評価視点

【コラム：代替案の策定と選択アプローチ】

　対策立案において、複数の対策案（代替案）を考え、その中から最適な案を選択するアプローチは問題を解決するために有効です。唯一の答えがない業務改善において、急いで１つの案を決めるのではなく、発想を拡げて複数の対策案を挙げた後、最も効果的なものを選ぶアプローチです。その発想を拡げる際に使えるのがステップ１で紹介した「対策立案視点」です。対策立案においては、固定観念をはずし、ゼロベース発想を意識しながらも「対策立案視点」を活用し、複数の対策案を作り出します。

　複数の対策案から選択するための重要な基準は「問題解決度」です。問題解決度により代替案を選択するために、それぞれの代替案は「対策の内容」だけではなく、代替案ごとに「(a) 成果レベル」、「(b) 費用見積り」、「(c) 実現レベル」をまとめます。

　対策代替案ごとにまとめた (a)、(b)、(c) について総合的に評価し、実施する案を選択します。案によっては、成果対費用が良くても、実現性が低いものもあります。本書では小さくとも成果を生み出す成功体験を積みながら、業務改善に慣れ、能力を高めていくことを重視していますので、実現性の視点を重視した選択を勧めます。

（4）企画書へのまとめ

1）企画書へのまとめと磨き上げ

　以上の手順で整理した①から⑥の情報を業務改善企画書にまとめます。企画内容は手順通りに作ればよいのではなく、中身の質が重要です。よって、企画書にまとめた段階で今一度、以下の３つの視点で磨き上げます。（ア）重要な問題を設定しているのか、それはなぜか。（イ）この対策をすれば問題は解決できるのか、それはなぜか。（ウ）通常業務とバランスをとりながら、効果的、効率的な改善活動ができるか、それはなぜか。これらに答えられているかを確認しながら、中身の磨き上げをします。

2）全体のストーリー化

　最後に全体として、筋道が通るストーリーになるように仕上げることで、内容が第三者（意思決定者）に理解・共感されます。また、提案者自身がプレゼンテー

ションを行う場合、説明しやすくなります。なお、プレゼンテーションにおいて聞き手が興味を抱くのは、1）で説明した（ア）から（ウ）の3点ですので、全体のストーリーにおいて、相手に指摘、または質問される前に、これら3点が'伝わる'ことを重視して全体のストーリーを語る必要があります。

4　問題解決プロセスアプローチを
効果的・効率的に進めるポイント

　3では基本的な企画案策定の手順を説明しましたが、その手順に沿って進める際に、特に重視すべき点と組み込むことでより活動が効果的、効率的になるポイントを7つ挙げます。

　業務改善においては "改善活動自体に満足することなく"、成果実現を重視しなければなりません。問題解決プロセスアプローチを通じて、手順に沿って分析を組み込みながらより大きな、本質的な成果を生み出すために業務改善を実施する際のポイントです。

（1）対策を立案する姿勢

1）　問題を明らかにし、その解決に適した手段を立案すること

　問題解決では、直面している（または、将来直面するであろう）問題を明らかにした上で、それに適した解決策を立案することが求められます。これが問題解決の第一歩という意味ですが、よく見受けられるのが、この段階を曖昧にしたまま対策（手段）を考えてしまうことです。

2）目標（めざす姿・あるべき姿）を具体的に描き、各段階の活動の核にすること

　目標としての「めざす姿」とは将来実現したい姿ですが、本来は既に実現してしかるべき「あるべき姿」とされることもあります。問題解決においては、まず「めざす姿」や「あるべき姿」である問題が解決された状態、ニーズが充足された状態を目標として具体的に描きます。そして、目標（めざす姿・あるべき姿）を核とし、その達成に向けて適切な対策の立案、実施、評価を通じて、

対策内容の改善を行うことで、業務改善活動は効果的、効率的かつ実現可能となります。

3）先入観や固定観念にとらわれずにゼロベースで発想すること

どうしても従来から行っている "業務ありき" で見てしまう傾向がありますので、単に視点を使うという発想ではなく、固定観念を捨てることを意識することが必要です。直面している問題や、その背景を具体的に整理した情報を活用してゼロから発想していくことで、過去の経験、既存の枠組み・ルールなどに囚われることによる思考の偏り（バイアス）を回避でき、直面している問題に対して効果的、実現可能な対策となります。

4）事実に基づき判断すること

"はずだ" という思い込みではなく、事実を把握し、事実に基づき判断することで問題解決度が高まります。事実情報は一般論ではなく、個別特定の具体的な情報となりますから、それに基づいた議論は直面する実態に焦点を当てた効果的な対策立案につながります。意思決定が事実情報を根拠にすることで対策内容の質も高まり、問題解決活動を効果的にするのです。そして、事実を根拠とした意思決定は、それを説明する際も聴き手が理解しやすい内容となります。

事実を客観的に把握し、それを共有することで適切な意思決定につなげていくためには、現場、現物、そして直接業務を行っている担当者に確認することです。施設環境を観察したり、担当者から現状の仕事の仕方について、直接、話を聞くことは効果的な問題解決の糸口が見つかることにつながります。事実を集め、それらを組み合わせ、深堀りしながら問題を整理することで解決策の糸口となるヒントを得ることが期待できるのです。

5）全体像の中で考え、最適化を目指すこと

問題を部分でとらえたり、対策を点のみで提案したりするのではなく、できるだけ全体像でとらえることがより効果的、効率的な問題解決につながります。

横断的な業務は、その業務の発生段階から完了までの一連を流れにおける実態を把握[11]し、全体からどこに問題があるのか、その原因は何かを突き止めることのほうがより効果的な対策になりえます。

　全体像を把握するためには、個別要素間の関係性を構造化することが効果的です。全体像が見落としなく、重複なく整理されていれば、その中で重点を特定（例えば、多くの原因の中でも最も重要となる原因（真因））することや、項目間を評価し、優先順位を立てることも可能です。これによって問題解決に、より適した意思決定につなげることができます。こうして、（全体を押さえながらも、絞り込まれた）対象に適した対策を立てることが可能となります。

（2）対策の磨き方

6）多面的視点で内容を磨くこと

　問題の整理・分析や対策の検討においては、多面的視点から問題を診ることが対策案の効果性や実現可能性を高めます。例えば、立案者の立場ではなく、サービスの受け手の立場から診ることや、最終的にめざす姿など大所高所から問題や対策を診ることです。

　場合によっては、その結論に至った根拠を変えてみることで新たな発想が期待できます。その政策領域での実務経験者は知らず知らずに過去の延長や既存のルールに基づいて考え、決めてしまいがちですので、いわゆる従来から“常識”（と考えていること）を疑ってみて、異なる前提で検討することが効果的な解決策を生み出すことにつながります。

　多面的に考えるには多彩なメンバーの参画が効果的です。従来の担当組織ありきの、そしてセクショナリズムによる情報の占有などを廃して、意欲と能力を持った多彩なメンバーの情報を共有しながら成果に向けて連携していくことです。

11　参照：参考資料‐④

7）見える化して内容を磨く

　考えたアイデアを書き出す、つまり頭の中を "見える化" することは、アイデアの質を高めることに有効です。まず、書き出された内容・表現を見て、自分自身で、その内容を磨いていきます。頭の中では "素晴らしい考え" と思っていたとしても、いざ、書き出してみると頭の中での出来栄えに対して期待したレベルでないことや表現が曖昧になっていることはよくあることです。自分の考えが可視化されることにより、第三者の視点で目的的に診ることが可能となるからです。

　また、'時間' や '場所' を変えて可視化したものを診ることも効果的です。頭に浮かんだ自分の想いや考えをとりあえず紙面に描き出しておいたものを、時間や場所を変えて診ながら自身で磨いていくのです。その過程で自身の考えの不明点、不安点について詰めながら内容を固めていくことができます。

　さらに自身で磨いたあとには、上司、同僚の協力を得ながら磨き上げることも効果があります。協力者に可視化された内容を見せながら説明している最中で、描いている時には気づけなかったことを発見することや、相手からの質問や意見が参考になり、質が格段に向上する可能性が高くなるのです。

図表Ⅷ-4-1　問題解決アプローチを効果的・効率的に行うポイント

1）対策を立案の姿勢
　① 問題を明かにし、その解決に適した手段を立案すること
　② 目標（めざす姿・あるべき姿）を具体的に描き、各段階の活動の核にすること
　③ 先入観や固定観念にとらわれずにゼロベースで発想すること
　④ 事実に基づき判断すること
　⑤ 全体像の中で考え、最適化を目指すこと

（2）対策の磨き方
　⑥ 多面的視点で内容を磨くこと
　⑦ 見える化して内容を磨く

参考資料　業務改善の基本的な手法

　問題の実態や原因の可視化を重視した分析手法です。業務改善に慣れていない職員や組織では数値データを収集することができない場合が見受けられます。よって、ミスも多様なミスがあるにも関わらず、ミスといい、その具体的件数も明らかにされません。こうしたデータの蓄積やデータの活用に慣れていない職場においては、まず、起きている問題やその原因を'見える化'し、具体的な対策活動につなげるために、以下の手法から活用してみることを勧めます。以下はデータなどを使わずに既存の業務、直面している問題、問題の原因などを'見える化'した上で、関係者と共有し、問題解決につなげる手法です。

①業務体系表

　業務体系表とは担当業務を洗い出し、階層的に'見える化'したものです。この表を作成することで、日頃担当している業務でも、書き出しながら、漏れがないかをチェックできるとともに、階層的に描くことで具体的な業務レベルでの時間創出余地を探索することが可能となります。小さくとも改善実績を生み出すことを重視しているので、対象となる業務も大きなレベル（体系表の左側）でなく、具体的な業務レベルを見ることで小さくとも時間創出余地の発見が可能となるのです。

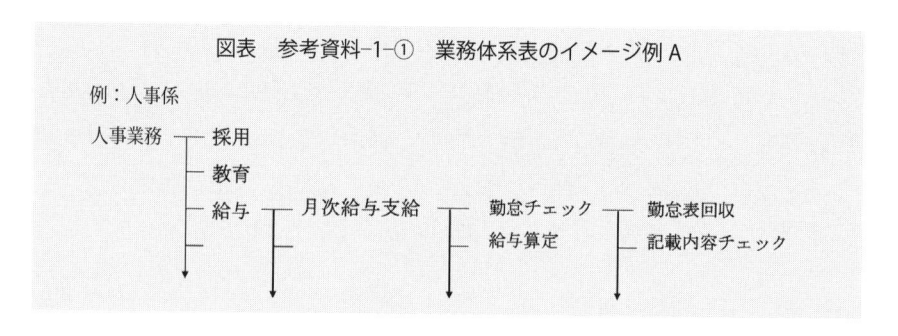

図表　参考資料-1-①　業務体系表のイメージ例 A

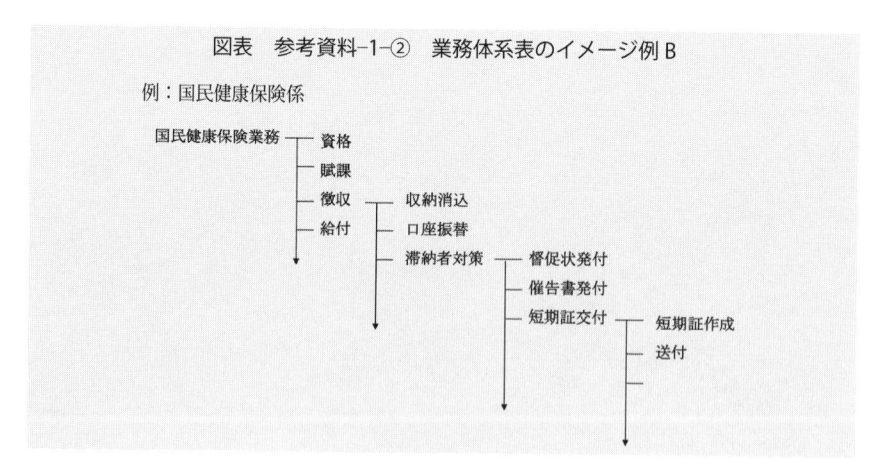

図表　参考資料-1-②　業務体系表のイメージ例 B

②問題構造化

問題とは「目標（めざす姿・あるべき姿）」と「現状（起きていること）」のギャップであり、解決すべきことです。問題構造化とは、目標と現状のギャップを把握し、それによって生じている（また将来生じるであろう）「不具合」を具体的、かつ構造的に'見える化'することです。

問題を構造的に描く際には可能な限り定量的、具体的に可視化することで、より客観的な問題構造化が可能となり組織として問題の重大さ（深刻度）を共有することができます。例えば、問題の構造化において、「現状」を定量的に描くことです。ミスの発生を0件に抑えるという目標の場合、現状でミスが10件起きているならば、その目標と現状を定量的に対比できるように描くことです。

また、「不具合」も可能な限り、組織として問題の重大さ（深刻度）を共有できるように定量的に描きます。描く際は、①ミスやクレームの具体的な内容、件数、発生頻度や、発生により誰が・どう困っているのかなどの実態に加え、②ミスの結果として顧客の不満足度合い、ミスを修正するための処理時間、そしてミスにより発生したクレームへの対処時間なども書き込みします。これらのミスが起きたために生じた不具合がどのような悪影響を起こしているのかを構造的、具体的に表現することで、組織としての問題の重大さ（深刻度）を全員が共有できます。

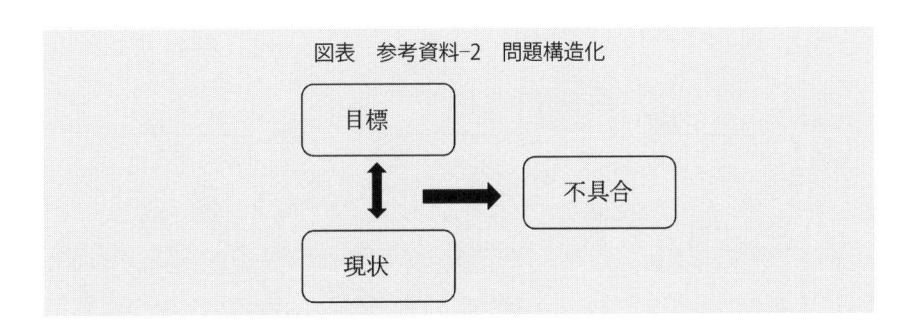

図表　参考資料-2　問題構造化

目標

不具合

現状

③原因分析

　原因分析とは、ある問題を引き起こしている現象の原因を「結果－原因」の関係で、順序良く、漏れなく洗い出し、見える化することです。原因をつかむことは対策を立てるためのヒント（例：原因となった要因の発生を未然に防ぐ）を得ることができます。また、「見える化」することは、問題に関わっている人々から、原因についての情報を引き出しながら整理することができ、より本質的な原因を探り出せるとともに、それを皆で共有することが可能となり、よりよい対策立案につながります。

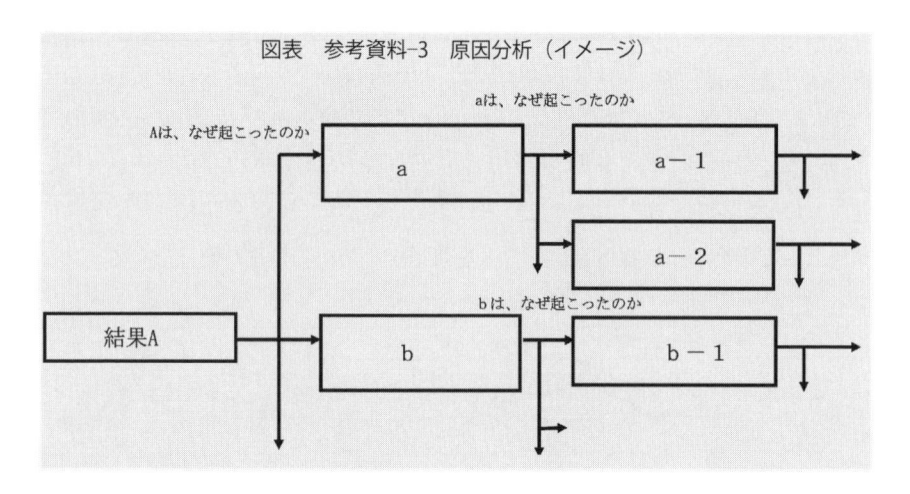

図表　参考資料-3　原因分析（イメージ）

④業務プロセス分析

　業務プロセス分析とは、業務別に出発点から完了までの一連の流れを'見える化'することです。業務の流れ（プロセス）における関連する全ての部門、担当者の業務内容を描き出します。'見える化'する内容は手順や手順ごとの留意点などの業務の方法だけではなく、業務量、処理時間の他、結果としての成果物や、ミスなどの種類別件数、さらに、ミスにより発生したクレームの種類別件数や、クレーム対応やミス修正にかかる時間などの定量化も含みます。よって、「見える化」を通じて、現状の業務実態を関連メンバー全員で共有することができます。

　業務を「見える化」するメリットは、①業務の実態が見えることから、問題部分やその原因を特定しやすくなること。②業務全体の流れ、分担状況などの実態を見ながら改善の検討に活用できること。③現在、どのような仕事のやり方をしているかについて確認できるとともに、どこで（部門、担当者）、どのような仕事をした結果、ミスを起こしているか、それによってどこに影響が出ているかについて関係者に確認してもらえること。そして、④衆知を集めるツールとなることなどが挙げられます。

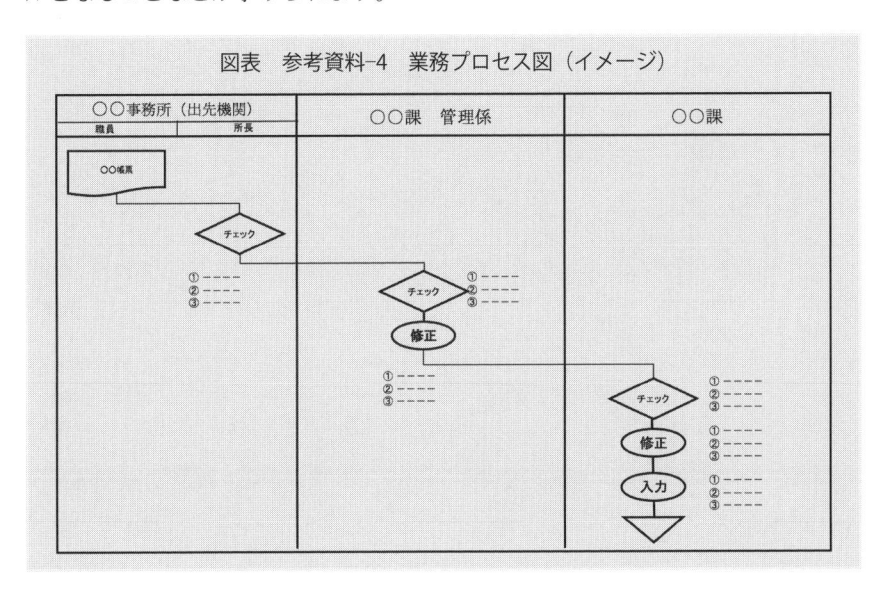

図表　参考資料-4　業務プロセス図（イメージ）

⑤活動スケジュール表

　本書で提案しいてる業務改善活動は比較的小規模・短期間となるので、活動スケジュールは次の手順で作成します。①対策を実施するための活動を具体的に洗い出します。その際少なくとも２階層で整理します。②洗い出した具体的活動の順序は時系列に整理します。③それぞれの活動期間を見積もります。④スケジュールを'見える化'します。'見える化'の際には次図にあるようなフォームを使い、活動を時系列に表記し、活動ごとの担当者を決め、活動期間に線を引きます。

参考資料

図表　参考資料-5　業務改善活動スケジュール表（イメージ）

活動項目	具体的内容（手順）	担当者	月					月					月					月				
			1W	2W	3W	4W	5W	1W	2W	3W	4W	5W	1W	2W	3W	4W	5W	1W	2W	3W	4W	5W
1.	①																						
	②																						
	③																						
2.	①																						
	②																						
	③																						
3.	①																						
	②																						
4.	①																						
	②																						
	③																						
5.	①																						
	②																						
	③																						

おわりに

　本書は、"これからの自治体における業務改善"の考え方、進め方の提案をしています。この提案の背景には自治体に期待される地域主体でのまちづくりにおいて自治体に期待される役割を実現するために必要な新たな取り組み、それを展開するための人的資源の開発が経営課題にあるという認識です。

　一方で、その課題解決は現状業務の見直しなどで可能であるにもかかわらず、既存の業務効率化の取り組みの限界により機会損失が生じているという認識もあります。こうして本書は、めざす姿の実現に対して、現状・実態を前提に自治体におけるこれからの業務改善の考え方と進め方、そして、具体的な手順、手法を提案する内容としました。

　自治体でのプロジェクトや研修などの長年の経験から言えることですが、業務改善に慣れていない職員であっても、いっしょに仕事をすることを通じて、"目的的に業務を診ること"、"対策の前に分析を通じて課題を絞り込むこと"、"根拠に基づいて筋道立ててものごとを整理すること"など業務改善において重要なことを短期間で理解し、担当業務の改善において成果を生み出す能力を身につけ、職場でその能力を発揮し、成果を実現している職員の方を多く見てきています。これらのベースには、担当業務を対象に"成果を出すことを重視した業務改善アプローチ"を通じて、例え小さな成果であっても"成功体験すること"があります。このアプローチと成功体験が業務改善能力の強化、そして実践での発揮を通じて、職場目標実現に貢献する業務改善につながっています。

　上記で強調した自治体に求められる業務改善は、既に業務改善能力を有している限られた職員だけでは成果は期待できません。業務改善能力を持つ多くの職員の参画が必須です。しかしながら、業務改善が求められる自治体において、既存の取り組みでは多くの職員の問題解決（業務改善）力の開発・強化に限界

がある状況です。方法として既存の取り組みが悪いのではなく、多くの職員、職場がその手法を有効に活用できる状況になっていないにもかかわらず、その実態を前提に推し進めようとしないことが問題なのです。

　業務改善に慣れていない職員を対象とした本書は、一般的な業務改善に関する書籍などに対して極めて基礎的な内容です。既成の書籍が解説する業務改善の内容は、自治体職員にとって、極めて一般化されすぎています。また、手順にこだわり、複雑な分析が組み込まれているとともに、細かいシートの活用など業務改善に慣れていない職員には活用困難であり、成果を生み出すには限界があります。本書は筆者が業務改善に慣れていない職員の方々と行ったプロジェクト型業務や研修（「企画＋評価型」と「グループ研究への指導型」など）での経験を踏まえ、業務改善に慣れていない職員が陥りやすい落とし穴の回避方法、また、現在の職場環境の中で成果を生み出すための工夫を盛り込んだ提案となっています。

　こうして本書では業務改善に慣れていない職員の皆さんが、現状の職場環境の中で着実に前進し、小さくとも成果を着実に生み出すための考え方と具体的な進め方を提案しています。小さな成果を積み上げながら業務改善の成功体験を通じて、さらなる成果をめざして継続的に取り組むための基盤づくりの内容です。この"主体的・自律的改善の業務化と継続化"につなげるため、業務改善への動機を引き出し、基礎スキルの開発・強化を効果的、効率的に行う考え方、進め方を本書で提案しています。職場での業務改善で小さな成功体験を積み上げることができたならば、既成の書籍も理解し、それを活用して更に複雑で規模の大きな対象を改善することができると考えています。本書が提案するアプローチにより、一人ひとりの職員が職場での成果を生み出す成功体験を通じて、業務を改善する基礎スキルが開発・強化されるとともに、職場としての業務改善基盤が構築されることを期待しています。

主な参考文献

秋月隆男（1996）『業務改善の基礎テキスト』日本能率協会マネジメントセンター

市川亨司（2012）『図解　基礎からわかる QC 七つ道具』ナツメ社

牛山久仁彦（2011）「第 4 章政策の企画立案と自治体の取り組み、第 8 章住民協働のまちづくり」『現代地方自治の課題』学陽書房

太田肇（2017）『ムダな仕事が多い職場』筑摩書房

大森彌（2008）『変化に挑戦する自治体−希望の自治体行政学−』第一法規

佐伯学他（2002）『図解実務入門　もっとうまくできる業務改善』日本能率協会マネジメントセンター

佐々木信夫（2011）「第 1 章　挑戦する自治体をどうつくるか」『現代地方自治の課題』学陽書房

佐藤博樹他（2011）『ワーク・ライフ・バランスと働き方改革』勁草書房

曽我謙悟（2013）『行政学』有斐閣

田尾雅夫（2010）『公共経営論』木鐸社

辻山幸宣（2014）「地方自治って何だろう？」『自治総研ブックス 12　市民自治講座　前編』坪郷實＋市民がつくる施策調査費会編

西尾勝（2013）『自治・分権再考　地方自治を志す人たちへ』ぎょうせい

服部明（1986）『業務改善 50 の鉄則』日本能率協会マネジメントセンター

原田晃樹（2014）「5 章　地方分権と参加・協働」『コミュニティ政策学入門』誠信書房　坂田周一監修

松下圭一（2013）『2000 年分権改革と自治体危機』公人の友社

水沢博樹（2017）『できる人の時短仕事術』ぱる出版

武藤博己（2014）「序章　公共サービスの供給手法の外部化に関する比較」『自治総研叢書 33　公共サービス改革の本質 - 比較の視点から - 』武藤博己編著　敬文堂

フィリップ・コトラー他（2005）井関利明監訳『非営利組織のマーケティング戦略（第 6 版）』第一法規

矢代隆嗣（2017）『自治体の政策形成マネジメント入門』公人の友社

矢代隆嗣（2016）『自治体プロジェクトマネジメント入門』公人の友社

矢代隆嗣（2012）『自治体職員のための問題解決マネジメント入門』パレード

【著者紹介】

矢代 隆嗣（やしろ・りゅうじ）

㈱アリエール・マネジメント・ソリューションズ代表取締役
民間企業、行政組織、非営利組織へのコンサルティング、研修を中心に活動している。
地方自治体では 20 年以上に渡り、事務事業評価、目標管理制度などの導入・運用や管理監督者を対象にマネジメント能力、職員を対象に問題解決能力（業務改善力、政策形成力、プロジェクトマネジメント力など）の開発・強化を支援している。また、地域協働の基盤づくりや協働活動促進の講座・セミナーの講師も担当している。法政大学大学院兼任講師。ニューヨーク大学大学院ワグナー校卒業（MS）、法政大学大学院公共政策研究科博士後期課程修了　博士（公共政策学）。日本行政学会、日本地方自治学会所属。

主な著書として『自治体の政策形成マネジメント入門』（2017 年、公人の友社）、『自治体のプロジェクトマネジメント入門－協働の地域問題解決の手法とツール－』（2016 年、公人の友社）、『NPO と行政との協働活動における成果要因』（2013 年、公人の友社）、『自治体職員のための問題解決マネジメント入門』（2012 年、パレード）、『プログラム評価入門（共訳）』（2009 年、梓出版）など。

ひとりでできる、職場でできる、**自治体の業務改善**
業務時間の創出と有効活用

2018 年 6 月 10 日　初版発行

著　者　矢代　隆嗣
発行人　武内　英晴
発行所　公人の友社
　　　　〒 112-0002　東京都文京区小石川５－２６－８
　　　　ＴＥＬ ０３－３８１１－５７０１
　　　　ＦＡＸ ０３－３８１１－５７９５
　　　　Ｅメール　info@koujinnotomo.com
　　　　http://koujinnotomo.com/